120 Ejercicios para aprender NumPy.

Nivel Básico-Intermedio.

Introducción:

El procesamiento de datos y el cálculo numérico son piedras angulares en la ciencia de datos, la ingeniería y diversas disciplinas científicas. NumPy, una potente librería de Python, ha revolucionado la forma en que se manejan los arreglos numéricos y las operaciones matemáticas.

Con su capacidad para trabajar con arreglos multidimensionales y realizar cálculos eficientes, NumPy se ha convertido en un componente esencial en el ecosistema de Python para la computación científica.

Este libro está diseñado como una guía práctica para aquellos que buscan mejorar sus habilidades en NumPy.

Ofrece una colección de 60 ejercicios graduales que abarcan desde conceptos básicos hasta técnicas más avanzadas. Cada ejercicio está diseñado para proporcionar una comprensión profunda de las capacidades de NumPy a través de situaciones prácticas y desafiantes.

Índice

Capítulo 1: Introducción a NumPy. — **8**
   Manipulación de Arrays en NumPy — 12
   Operaciones Matemáticas en NumPy — 15
   Indexación Avanzada y Slicing en NumPy — 18
   Broadcasting en NumPy — 21
   Optimización y Rendimiento en NumPy — 23
Capítulo 2: Uso y Aplicaciones de NumPy — **26**
   Integración de NumPy con otras Librerias — 29
Capítulo 3: Ejercicios Utilizando NumPy — **32**
   Ejercicio 1: Cálculos Estadísticos Básicos — 32
   Ejercicio 2: Análisis de Datos Financieros — 34
   Ejercicio 3: Manipulación de Datos con NumPy — 36
   Ejercicio 4: Manipulación de Datos con NumPy — 39
   Ejercicio 5: Gráfico de Líneas — 42
   Ejercicio 6: Diagrama de Barras — 44
   Ejercicio 7: Resolución de Ecuaciones Lineales — 46
   Ejercicio 8: Interpolación de Datos — 48
   Ejercicio 9: Cálculo de Derivadas — 50
   Ejercicio 10: Normalización de Datos — 53
   Ejercicio 11: Manejo de Valores Faltantes — 54
   Ejercicio 12: Codificación One-Hot — 56
   Ejercicio 13: Operaciones con NumPy y pandas — 58
   Ejercicio 14: Generación de Datos con NumPy y pandas — 60
   Ejercicio 15: Gráfico de Línea con NumPy y Matplotlib — 63
   Ejercicio 16: Gráfico de Dispersión con NumPy y Matplotlib — 65
   Ejercicio 17: Optimización con SciPy — 67
   Ejercicio 18: Álgebra Lineal con SciPy — 68

Ejercicio 19: Estadísticas con SciPy	69
Ejercicio 20: Análisis de Datos con NumPy y pandas	71
Ejercicio 21: Visualización de Datos con NumPy y Matplotlib	73
Ejercicio 22: Álgebra Lineal con NumPy y SciPy	75
Ejercicio 23: Preprocesamiento de Datos con NumPy y pandas	76
Ejercicio 24: Estadísticas con NumPy y pandas	77
Ejercicio 25: Generación de Matrices Específicas	80
Ejercicio 26: Operaciones Avanzadas de Álgebra Lineal	81
Ejercicio 27: Creación de Datos con Patrones Específicos	83
Ejercicio 28: Operaciones de Manipulación de Datos	84
Ejercicio 29: Manipulación de Datos Avanzada	86
Ejercicio 30: Generación de Datos Aleatorios Avanzados	88
Ejercicio 31: Manipulación de Datos con Estructuras Avanzadas	89
Ejercicio 32: Operaciones de Álgebra Lineal Avanzadas	90
Ejercicio 33: Manipulación de Datos con Funciones Avanzadas	92
Ejercicio 34: Operaciones Avanzadas de Álgebra Lineal	94
Ejercicio 35: Clasificación con scikit-learn	96
Ejercicio 36: Regresión con scikit-learn	98
Ejercicio 37: Red Neuronal con TensorFlow	**100**
Ejercicio 38: Red Neuronal con PyTorch	102
Ejercicio 39: Cargar y Mostrar una Imagen con OpenCV	105
Ejercicio 40: Detección de Bordes en una Imagen con OpenCV	106
Ejercicio 41: Cálculo de Derivadas	108
Ejercicio 42: Resolución de Ecuaciones Simbólicas	109
Ejercicio 43: Álgebra Lineal Simbólica	110
Ejercicio 44: Procesamiento de Datos con Dask Arrays	112
Ejercicio 45: Procesamiento de Datos con Dask DataFrames	113
Ejercicio 46: Computación Distribuida con Dask	114
Ejercicio 47: Graficar una Función Senoidal	115
Ejercicio 48: Manipulación de Datos Tabulares	117
Ejercicio 49: Ajuste de Curvas	119
Ejercicio 50: Creación de un Modelo de Regresión	121
Ejercicio 51: Integrales Simbólicas	123
Ejercicio 52: Dibujar y Mostrar una Imagen con OpenCV	125
Ejercicio 53: Clasificación con KNN	127

Ejercicio 54: Manipulación de Datos Tabulares — 129
Ejercicio 55: Creación de una Red Neuronal Simple — 131
Ejercicio 56: Optimización de Funciones — 133
Ejercicio 57: Análisis de Datos Meteorológicos — 135
Ejercicio 58: Procesamiento de Imágenes Médicas — 136
Ejercicio 59: Análisis de Datos Financieros — 137
Ejercicio 60: Procesamiento de Datos de Sensores — 138

Nivel Intermedio. **140**

Ejercicio 61: Segmentación de imágenes usando operaciones de manipulación y filtros en NumPy. — 141
Ejercicio 62: Segmentación de imágenes usando el operador Sobel — 144
Ejercicio 63: Suavizado de Imágenes con Filtro Gaussiano — 147
Ejercicio 64: Detección de Contornos con Canny Edge Detector — 149
Ejercicio 65: Segmentación por Color con Filtros HSV — 151
Ejercicio 66: Diseño y Aplicación de un Filtro Paso Bajo — 154
Ejercicio 67: Aplicación de la Transformada de Fourier — 156
Ejercicio 68: Filtrado de una Señal Utilizando FFT — 158
Ejercicio 69: Detección de Frecuencias Dominantes — 160
Ejercicio 70: Análisis de Señales de Audio — 162
Ejercicio 71: Simulación de un Sistema Dinámico Simple — 164
Ejercicio 72: Simulación de un Sistema con Resistencia Aerodinámica — 166
Ejercicio 73: Modelado de un Péndulo Simple — 168
Ejercicio 74: Resolución de Ecuaciones Diferenciales utilizando NumPy — 170
Ejercicio 75: Simulación de un Circuito RC — 172
Ejercicio 76: Simulación de un Sistema de Masas y Resortes — 175
Ejercicio 77: Simulación de un Oscilador Amortiguado — 178
Ejercicio 78: Simulación de un Sistema de Caída Libre con Resistencia del Aire — 180
Ejercicio 79: Simulación de un Sistema Masa-Resorte con Forzamiento — 182
Ejercicio 80: Simulación de un Circuito RC con Fuente de Voltaje — 185
Ejercicio 81: Implementación de K-means desde cero con NumPy — 188

Ejercicio 82: Implementación de Descenso de Gradiente para
Regresión Lineal con NumPy   190

Ejercicio 83: Implementación de Regresión Logística con Descenso
de Gradiente   192

Ejercicio 84: Implementación de Perceptrón Multicapa (MLP) con
Retropropagación   194

Ejercicio 85: Implementación de Máquina de Vectores de Soporte
(SVM) con Descenso de Gradiente   197

Ejercicio 86: Procesamiento de Texto Básico con NumPy   200

Ejercicio 87: Análisis de Sentimientos con Matrices de Palabras 202

Ejercicio 88: Identificación de Palabras comunes.   204

Ejercicio 89: Método de Runge-Kutta de Cuarto Orden (RK4) para
Resolver una ODE   207

Ejercicio 90: Creación de visualizaciones interactivas utilizando
herramientas como Plotly.   211

Ejercicio 91: Análisis de Secuencias Genéticas   214

Ejercicio 92: Análisis de Expresión Génica   216

Ejercicio 93: Análisis de Asociación Genotipo-Fenotipo utilizando
SciPy   219

Ejercicio 94: Suma de Elementos de una Matriz   222

Ejercicio 95: Producto Matricial   225

Ejercicio 96: Comparación de Rendimiento para Cálculo
Element-wise de la Función sin   227

Ejercicio 97: Comparación de Rendimiento entre Vectorización y
Bucles para Operaciones de Álgebra Lineal   231

Ejercicio 98: Rendimiento entre una implementación vectorizada y
una implementación con bucles para calcular la función sin.   233

Ejercicio 99: Manipulaciones Avanzadas de Imágenes con NumPy
(Transformaciones Geométricas)   236

Ejercicio 100: Superposición de Imágenes con NumPy   240

Ejercicio 101: Segmentación por Umbral con NumPy   243

Ejercicio 102: Implementación de Filtros de Borde con NumPy   248

Ejercicio 103: Implementación de Filtros de Suavizado con NumPy
252

Ejercicio 104: Aplicación de la Transformada de Fourier en
Imágenes.   256

Ejercicio 105: Carga de Señal de Audio   260

Ejercicio 106: Filtrado de Señal de Audio — 261
Ejercicio 107: Modulación de Señal de Audio — 262
Ejercicio 108: Análisis Espectral — 263
Ejercicio 109: Transformada de Fourier — 264
Ejercicio 110: Simulación de un Péndulo Simple con NumPy — 266
Ejercicio 111: K-means utilizando NumPy para realizar clustering de datos sin utilizar bibliotecas externas: — 270
Ejercicio 112: Descenso de gradiente desde cero utilizando NumPy para entrenar un modelo de regresión logística: — 273
Ejercicio 113: Análisis de Sentimientos, películas. — 277
Ejercicio 114: Palabras Comunes en un texto. — 280
Ejercicio 115: Simulación de un Sistema Masa-Resorte Amortiguado — 283
Ejercicio 116: Análisis de Datos de Expresión Génica — 286
Ejercicio 117: Creación de Visualizaciones Interactivas con Plotly — 291
Ejercicio 118: Análisis de Datos Genéticos utilizando NumPy — 294
Ejercicio 119: Manipulación de Datos y Cálculos Estadísticos — 297
Ejercicio 120: Simulación de un Sistema Dinámico — 299
Ejercicio 121: Análisis de Señales utilizando Transformada de Fourier — 301

Capítulo 1: Introducción a NumPy.

¿Qué es NumPy?

NumPy, abreviatura de "Numerical Python", es una librería fundamental en Python diseñada para realizar operaciones matemáticas y numéricas de manera eficiente. Su principal componente es el objeto array, el cual permite almacenar datos de manera homogénea y realizar operaciones vectorizadas sobre estos datos. NumPy es esencial en campos como la ciencia de datos, la ingeniería, la física, entre otros, debido a su capacidad para manejar grandes conjuntos de datos numéricos de manera eficiente.

Historia y Contexto

NumPy se originó a principios de los años 2000 como un proyecto para proporcionar capacidades de cálculo numérico eficientes en Python. Surgió como una respuesta a las limitaciones de las listas estándar de Python en términos de rendimiento en operaciones numéricas y manipulación de grandes cantidades de datos. A lo largo de los años, NumPy ha evolucionado y se ha convertido en un pilar esencial del ecosistema de Python para computación científica y numérica.

Ventajas de NumPy

La principal ventaja de NumPy radica en su capacidad para trabajar con arrays multidimensionales y realizar operaciones sobre estos arrays de manera eficiente. A diferencia de las listas de Python, los arrays NumPy están optimizados para operaciones numéricas y permiten el uso de funciones vectorizadas que mejoran significativamente el rendimiento. Además, NumPy ofrece una amplia gama de funciones matemáticas y herramientas para trabajar con estos arrays, lo que lo hace ideal para el análisis de datos y la computación científica.

Estructuras de Datos en NumPy

En NumPy, el objeto fundamental es el array, que es una estructura de datos que almacena elementos del mismo tipo en una cuadrícula multidimensional. Estos arrays pueden ser de una dimensión (vectores), dos dimensiones (matrices) o de mayor dimensionalidad. Los arrays NumPy permiten realizar operaciones matemáticas y lógicas eficientemente en conjuntos de datos, lo que los hace indispensables para aplicaciones numéricas y científicas.

Instalación y Configuración

NumPy se puede instalar fácilmente utilizando herramientas como pip o conda. Para instalar NumPy con pip, se puede ejecutar el comando `pip install numpy`. Para entornos más complejos, como entornos virtuales o administradores de paquetes como conda, hay opciones específicas para instalar NumPy de manera que se ajuste a las necesidades del proyecto.

Primeros Pasos

Crear un array NumPy es sencillo. Se puede comenzar creando un array a partir de una lista de Python usando `numpy.array(lista)`. Una vez creado, se pueden realizar operaciones básicas como suma, resta, multiplicación y división de manera eficiente, ya que NumPy implementa estas operaciones de manera optimizada para arrays.

Indexación y Slicing

Los arrays NumPy admiten técnicas avanzadas de indexación y slicing que permiten acceder a elementos individuales o secciones específicas de un array. Esta capacidad es fundamental para manipular y trabajar con arrays multidimensionales de manera efectiva, permitiendo seleccionar y modificar elementos de forma eficiente.

Funciones y Métodos Básicos

NumPy ofrece una amplia gama de funciones y métodos para realizar operaciones matemáticas y estadísticas en arrays. Desde funciones simples como `np.sum()` para sumar elementos hasta `np.reshape()` para cambiar la forma de un array, estas funciones son herramientas poderosas para manipular y analizar datos de manera eficiente.

Vectorización y Eficiencia

La vectorización es una técnica clave en NumPy que permite aplicar operaciones a un array completo sin la necesidad de utilizar bucles explícitos. Esta técnica mejora significativamente la eficiencia de los cálculos al utilizar las capacidades intrínsecas de NumPy para trabajar con arrays de datos.

Ejemplos de Aplicación

Para comprender mejor NumPy, se pueden explorar ejemplos prácticos, como cálculos matemáticos simples, manipulación de datos, generación de secuencias numéricas, entre otros. Estos ejemplos ayudan a los usuarios a entender cómo NumPy puede ser aplicado en situaciones reales y cómo puede facilitar operaciones numéricas complejas de manera sencilla y eficiente.

Manipulación de Arrays en NumPy

La manipulación de arrays es una parte fundamental de NumPy, permitiendo una flexibilidad excepcional para reorganizar, transformar y operar en los datos de manera eficiente.

1. Cambio de Forma (Reshape)

NumPy ofrece la capacidad de cambiar la forma de un array sin alterar sus datos subyacentes. La función `numpy.reshape()` permite reorganizar un array en una nueva forma especificada, manteniendo el mismo número total de elementos. Esto es útil para adaptar datos a diferentes formas necesarias para ciertos cálculos o aplicaciones.

```
import numpy as np

arr = np.arange(12) # Crear un array de 0 a 11
reshaped_arr = arr.reshape(3, 4) # Redimensionar a una matriz 3x4

print(reshaped_arr)
```

2. Aplanamiento de Arrays (Flatten y Ravel)

Para convertir arrays multidimensionales en unidimensionales, NumPy ofrece dos funciones: `flatten()` y `ravel()`. Ambas operaciones producen un nuevo array unidimensional, pero `flatten()` devuelve una copia mientras que `ravel()` devuelve una vista del array original si es posible, lo que puede ahorrar memoria y tiempo de ejecución.

```
flattened_arr = reshaped_arr.flatten() # Aplanar el
array
raveled_arr = reshaped_arr.ravel() # Aplanar el array
manteniendo la vista original si es posible

print(flattened_arr)
print(raveled_arr)
```

3. Concatenación de Arrays

NumPy permite unir arrays a lo largo de diferentes ejes mediante la función `numpy.concatenate()`. Esto es útil para combinar arrays en una dimensión específica o para crear nuevos arrays a partir de arrays existentes.

```
arr1 = np.array([[1, 2], [3, 4]])
arr2 = np.array([[5, 6]])

concatenated_arr = np.concatenate((arr1, arr2),
axis=0) # Concatenar a lo largo del eje 0


print(concatenated_arr)
```

4. División de Arrays

La función `numpy.split()` permite dividir un array en múltiples sub-arrays a lo largo de un eje especificado. Esto es útil para separar grandes conjuntos de datos en secciones manejables.

```
arr = np.arange(9)
split_arr = np.split(arr, 3) # Dividir el array en 3
sub-arrays
```

```
print(split_arr)
```

Estas operaciones son solo el comienzo de las numerosas formas en que NumPy permite manipular arrays para adaptarse a las necesidades específicas de cada aplicación, facilitando la transformación y reorganización de datos de manera eficiente y precisa.

Operaciones Matemáticas en NumPy

NumPy proporciona una amplia gama de funciones y operadores para realizar cálculos matemáticos y estadísticos en arrays, lo que permite realizar operaciones de manera rápida y eficiente.

1. Operaciones Aritméticas Básicas

Los operadores aritméticos estándar de Python se extienden a los arrays NumPy, lo que permite realizar operaciones elemento por elemento de forma sencilla.

```
import numpy as np

arr1 = np.array([1, 2, 3])
arr2 = np.array([4, 5, 6])

# Suma, resta, multiplicación y división de arrays
sum_arr = arr1 + arr2
diff_arr = arr1 - arr2
mult_arr = arr1 * arr2
div_arr = arr2 / arr1

print(sum_arr)
print(diff_arr)
print(mult_arr)
print(div_arr)
```

2. Funciones Universales (ufuncs)

NumPy proporciona funciones universales (ufuncs) que operan de manera eficiente en todos los elementos de un array sin necesidad de bucles. Estas funciones incluyen operaciones matemáticas comunes como `np.sin()`, `np.cos()`, `np.exp()`, `np.log()`, entre otras.

```
arr = np.array([0, np.pi/2, np.pi])

sin_arr = np.sin(arr)
cos_arr = np.cos(arr)
exp_arr = np.exp(arr)
log_arr = np.log(arr + 1) # Evitar log(0) que resultaría en -inf

print(sin_arr)
print(cos_arr)
print(exp_arr)
print(log_arr)
```

3. Operaciones de Álgebra Lineal

NumPy ofrece un conjunto completo de funciones para realizar operaciones de álgebra lineal, como la multiplicación de matrices, el cálculo de determinantes, inversas y descomposiciones.

```
matrix1 = np.array([[1, 2], [3, 4]])
matrix2 = np.array([[5, 6], [7, 8]])

# Multiplicación de matrices
mat_mult = np.dot(matrix1, matrix2)

print(mat_mult)
```

Estas operaciones matemáticas son solo un vistazo a las capacidades de NumPy para realizar cálculos numéricos y manipulaciones matemáticas complejas en arrays de manera eficiente, lo que lo convierte en una herramienta poderosa para el análisis de datos y la computación científica.

Indexación Avanzada y Slicing en NumPy

NumPy ofrece capacidades avanzadas de indexación y slicing que permiten acceder a elementos específicos o a secciones de un array de forma eficiente.

1. Slicing Básico

El slicing en NumPy es similar al de las listas estándar de Python, pero con capacidades adicionales para trabajar en múltiples dimensiones.

```
import numpy as np

arr = np.array([[1, 2, 3], [4, 5, 6], [7, 8, 9]])

# Acceder a una fila específica
row_1 = arr[1] # Obtener la segunda fila (índice 1)

# Acceder a un elemento específico
element = arr[1, 2] # Obtener el elemento en la
segunda fila y tercera columna

# Slicing para obtener subarrays
sub_arr = arr[:2, 1:] # Obtener las dos primeras
filas y las columnas desde la segunda en adelante

print(row_1)
print(element)
print(sub_arr)
```

2. Indexación Booleana

Permite seleccionar elementos de un array basados en condiciones booleanas, lo que es útil para filtrar datos.

```
# Crear un array booleano basado en una condición
bool_index = arr > 5 # Obtener un array booleano con valores True donde arr > 5

# Usar el array booleano para filtrar elementos
filtered_arr = arr[bool_index]

print(bool_index)
print(filtered_arr)
```

3. Indexación Fancy

La indexación fancy permite acceder a elementos o grupos de elementos utilizando listas o arrays de índices.

```
# Indexación fancy con listas de índices
indices = [0, 2]
fancy_indexing = arr[:, indices] # Obtener todas las filas para las columnas 0 y 2

print(fancy_indexing)
```

Estas técnicas de indexación avanzada y slicing en NumPy son fundamentales para trabajar con grandes conjuntos de datos y manipular arrays multidimensionales de manera eficiente y precisa. Permiten una flexibilidad considerable para seleccionar y manipular datos según las necesidades específicas del análisis o la aplicación.

Broadcasting en NumPy

El broadcasting es una técnica en NumPy que permite realizar operaciones entre arrays de diferentes formas de manera automática y eficiente, extendiendo automáticamente los arrays más pequeños para que tengan dimensiones compatibles con los arrays más grandes.

1. Reglas de Broadcasting

NumPy sigue reglas específicas para realizar broadcasting:

- Si los arrays tienen diferentes números de dimensiones, NumPy agrega dimensiones al principio del array más pequeño hasta que ambos tengan la misma cantidad de dimensiones.
- Las dimensiones de tamaño 1 en un array se pueden estirar o replicar para que coincidan con las dimensiones del otro array.

2. Ejemplo de Broadcasting

```
import numpy as np

# Crear un array de 4x3
arr1 = np.array([[1, 2, 3], [4, 5, 6], [7, 8, 9], [10, 11, 12]])
```

```
# Crear un array de 1x3

arr2 = np.array([0, 1, 2])

# Sumar arr2 a cada fila de arr1 usando broadcasting
result = arr1 + arr2

print(result)
```

En este ejemplo, `arr1` tiene forma (4, 3) y `arr2` tiene forma (3), pero gracias al broadcasting, NumPy es capaz de sumar `arr2` a cada fila de `arr1` automáticamente.

3. Casos de Uso

El broadcasting es útil en operaciones matriciales, operaciones de álgebra lineal y cualquier operación donde sea necesario realizar operaciones entre arrays de diferentes formas sin necesidad de crear copias de datos.

4. Consideraciones

Si bien el broadcasting es una herramienta poderosa, es importante comprender las reglas y cómo afectan los cálculos. Un uso incorrecto puede llevar a resultados inesperados o errores.

El broadcasting en NumPy simplifica en gran medida las operaciones entre arrays, permitiendo realizar cálculos de manera más concisa y legible sin la necesidad de expandir manualmente las dimensiones de los arrays, lo que facilita el trabajo con datos de diferentes formas y tamaños.

Optimización y Rendimiento en NumPy

La optimización del rendimiento en NumPy es fundamental para mejorar la eficiencia en el manejo de grandes cantidades de datos. Algunas estrategias y consideraciones clave incluyen:

1. Vectorización de Operaciones

NumPy está optimizado para realizar operaciones en arrays completos de manera eficiente. Evitar bucles explícitos y utilizar operaciones vectorizadas puede mejorar significativamente el rendimiento.

```
# Ejemplo de operación vectorizada en lugar de bucles
arr = np.arange(1000000)
result = arr * 2 # Operación en todo el array en lugar de usar un bucle
```

2. Uso de Vistas en lugar de Copias

Cuando sea posible, utilizar vistas (`views`) en lugar de crear copias de arrays puede ahorrar tiempo y memoria. Las vistas comparten los mismos datos subyacentes, lo que evita la necesidad de copiar los datos.

```
arr = np.arange(10)
```

```python
view = arr[:5]  # Crear una vista en lugar de una
copia de los primeros 5 elementos

# Modificar la vista modificará también el array
original
view[0] = 100
print(arr)  # Se verá afectado por el cambio en la vista
```

3. Usar Funciones Optimizadas de NumPy

NumPy proporciona funciones optimizadas para cálculos matemáticos y operaciones numéricas. Utilizar estas funciones en lugar de implementaciones personalizadas puede mejorar el rendimiento.

```python
# Ejemplo de uso de función optimizada en lugar de
implementación propia
arr = np.random.rand(100000)
sum_arr = np.sum(arr)  # Uso de la función optimizada
np.sum() en lugar de sumar elementos manualmente
```

4. Utilización de Tipos de Datos Eficientes

Elegir el tipo de datos apropiado puede mejorar el rendimiento y ahorrar memoria. NumPy proporciona una variedad de tipos de datos, cada uno con diferentes capacidades de almacenamiento y rendimiento.

```
# Especificar el tipo de datos al crear arrays
arr = np.array([1, 2, 3], dtype=np.float32) # Uso de float32
en lugar de float64 para reducir el uso de memoria
```

La optimización del rendimiento en NumPy se centra en minimizar la sobrecarga computacional y la utilización de memoria, lo que permite manejar eficientemente grandes volúmenes de datos y realizar cálculos de manera más rápida y efectiva.

Capítulo 2: Uso y Aplicaciones de NumPy

1. Ciencia de Datos y Análisis Numérico

NumPy es fundamental en la ciencia de datos para el procesamiento, análisis y manipulación de datos. Se utiliza ampliamente en bibliotecas como pandas para trabajar con estructuras de datos, en matplotlib y seaborn para visualización y en scikit-learn para el aprendizaje automático.

```
import numpy as np
import pandas as pd

data = {'A': np.random.rand(100),
 'B': np.random.randint(0, 100, 100)}

df = pd.DataFrame(data)
mean_a = np.mean(df['A']) # Calcular la media de una columna usando NumPy
```

2. Procesamiento de Imágenes y Señales

En aplicaciones de procesamiento de imágenes y señales, NumPy permite realizar operaciones complejas en matrices que representan imágenes o señales.

```python
# Ejemplo: Procesamiento de imágenes con NumPy
import numpy as np
import matplotlib.pyplot as plt
from PIL import Image


# Cargar una imagen y convertirla a un array NumPy
img = Image.open('imagen.jpg')
img_arr = np.array(img)

# Aplicar una operación (por ejemplo, convertir a escala de grises)
gray_img = np.mean(img_arr, axis=2)

# Mostrar la imagen procesada
plt.imshow(gray_img, cmap='gray')
plt.axis('off')
plt.show()
```

3. *Simulaciones Físicas y Modelado Matemático*

En campos como la física y la ingeniería, NumPy se utiliza para simular sistemas físicos, resolver ecuaciones diferenciales y realizar modelado matemático.

```python
import numpy as np
import matplotlib.pyplot as plt

# Simulación de un sistema dinámico simple
t = np.linspace(0, 10, 1000)
x = np.sin(t) + np.random.normal(0, 0.1, 1000)

# Graficar la simulación
plt.plot(t, x)
```

```
plt.xlabel('Tiempo')
plt.ylabel('Amplitud')
plt.title('Simulación de Sistema Dinámico')
plt.show()
```

Estos ejemplos ilustran solo algunas de las muchas aplicaciones de NumPy en diversas disciplinas. La capacidad de NumPy para manejar eficientemente grandes conjuntos de datos y realizar cálculos numéricos complejos lo convierte en una herramienta invaluable en numerosos campos científicos y técnicos.

Integración de NumPy con otras Librerias

La integración de NumPy con otras librerías es una de sus fortalezas, ya que se puede combinar fácilmente con diferentes herramientas para ampliar su funcionalidad y utilidad en diversos campos. Aquí tienes algunos ejemplos de la integración de NumPy con otras librerías populares:

1. *Integración con pandas*

NumPy y pandas están estrechamente vinculados en el ámbito de la ciencia de datos. pandas se basa en gran medida en NumPy para la manipulación y el análisis de datos. Los DataFrames de pandas se construyen sobre los arrays de NumPy, lo que permite una integración fluida entre ambas librerías.

```
# Ejemplo: Integración de NumPy y pandas
import numpy as np
import pandas as pd

# Crear un DataFrame de pandas a partir de un array de NumPy
data = np.random.randn(5, 3)
df = pd.DataFrame(data, columns=['A', 'B', 'C'])


# Realizar operaciones estadísticas con NumPy en un DataFrame de pandas
mean_A = np.mean(df['A'])
```

2. Integración con Matplotlib

Matplotlib es una librería de visualización en Python que también se integra muy bien con NumPy. Las operaciones con arrays de NumPy se pueden visualizar fácilmente utilizando las funciones de trazado de Matplotlib.

```
import numpy as np
import matplotlib.pyplot as plt

# Crear datos utilizando NumPy
x = np.linspace(0, 10, 100)
y = np.sin(x)

# Graficar utilizando Matplotlib
plt.plot(x, y)
plt.xlabel('X')
plt.ylabel('Y')
plt.title('Gráfico de una función sinusoidal')
plt.show()
```

3. Integración con SciPy

SciPy se basa en gran medida en NumPy y amplía su funcionalidad al proporcionar funciones especializadas para tareas científicas y matemáticas más avanzadas, como optimización, álgebra lineal, estadísticas, entre otros.

```
# Ejemplo: Integración de NumPy y SciPy
import numpy as np
from scipy.optimize import minimize

# Función a minimizar
def func(x):
  return x**2 + 10*np.sin(x)

# Minimizar la función utilizando SciPy y NumPy
x0 = np.array([1.0])
result = minimize(func, x0)

print("Valor mínimo:", result.x)
```

Estos ejemplos muestran cómo NumPy se integra fácilmente con otras librerías en el ecosistema de Python, lo que permite aprovechar las capacidades específicas de cada librería para realizar tareas especializadas en análisis de datos, visualización, computación científica y más.

Capítulo 3: Ejercicios Utilizando NumPy

Ejercicio 1: Cálculos Estadísticos Básicos

Genera un array NumPy con datos ficticios representando las edades de un grupo de personas. Luego, realiza los siguientes cálculos estadísticos básicos:

- Calcula la media de las edades.
- Encuentra la mediana de las edades.
- Calcula la desviación estándar de las edades.
- Calcula la varianza de las edades.
-

Solución:

```
import numpy as np

# Generar datos ficticios (edades)
edades = np.array([25, 30, 35, 40, 45, 50, 55, 60, 65, 70])

# Realizar cálculos estadísticos básicos
media_edades = np.mean(edades)
mediana_edades = np.median(edades)
desviacion_edades = np.std(edades)
varianza_edades = np.var(edades)

# Mostrar resultados
print("Media:", media_edades)
```

```
print("Mediana:", mediana_edades)
print("Desviación Estándar:", desviacion_edades)
print("Varianza:", varianza_edades)
```

Resultado:

```
Media: 47.5

Mediana: 47.5

Desviación Estándar: 14.361406616345072

Varianza: 206.25
```

Ejercicio 2: Análisis de Datos Financieros

Crea un array NumPy que represente los rendimientos diarios de una acción en el mercado financiero. Luego, realiza los siguientes cálculos estadísticos básicos:

- Calcula el rendimiento promedio diario.
- Encuentra la desviación estándar de los rendimientos diarios.
- Calcula la varianza de los rendimientos diarios.

Solución:

```
import numpy as np

# Generar datos ficticios (rendimientos diarios de una acción)
rendimientos_diarios = np.random.normal(0.001, 0.01, 252) # 252 días de operación

# Realizar cálculos estadísticos básicos
rendimiento_promedio = np.mean(rendimientos_diarios)
desviacion_rendimientos = np.std(rendimientos_diarios)
varianza_rendimientos = np.var(rendimientos_diarios)

# Mostrar resultados
print("Rendimiento Promedio Diario:", rendimiento_promedio)
```

```
print("Desviación Estándar de Rendimientos Diarios:",
desviacion_rendimientos)
print("Varianza de Rendimientos Diarios:",
varianza_rendimientos)
```

Resultado:

```
Rendimiento Promedio Diario: 0.00026786996735912944
Desviación Estándar de Rendimientos Diarios:
0.009569835389468076
Varianza de Rendimientos Diarios: 9.158174938151561e-05
```

Estos ejercicios te permitirán practicar la realización de cálculos estadísticos básicos con NumPy utilizando datos ficticios. Puedes adaptar los ejercicios y experimentar con diferentes conjuntos de datos para explorar más sobre el manejo de estadísticas con NumPy.

Ejercicio 3: Manipulación de Datos con NumPy

Supongamos que tenemos un conjunto de datos que representan las ventas mensuales de diferentes productos en una tienda durante un año. Queremos realizar algunas manipulaciones de datos utilizando NumPy:

- Crea un array NumPy que represente las ventas mensuales de cuatro productos (A, B, C y D) durante 12 meses.
- Encuentra el total de ventas de cada producto durante todo el año.
- Calcula el promedio de ventas mensuales para cada producto.
- Encuentra el mes con el mayor número de ventas para cada producto.

Solución:

```
import numpy as np

# Datos ficticios de ventas mensuales (en miles de unidades)
ventas_mensuales = np.array([
 [120, 130, 110, 140, 150, 160, 180, 170, 190, 200, 210, 220], # Producto A
 [90, 100, 80, 110, 120, 130, 140, 150, 160, 170, 180, 190], # Producto B
 [80, 85, 75, 90, 100, 110, 120, 130, 140, 150, 160, 170], # Producto C
 [100, 110, 95, 120, 130, 140, 150, 160, 170, 180, 190, 200] # Producto D
```

```python
])

# Total de ventas de cada producto durante todo el año

total_ventas = np.sum(ventas_mensuales, axis=1)


# Promedio de ventas mensuales para cada producto
promedio_ventas = np.mean(ventas_mensuales, axis=1)

# Mes con el mayor número de ventas para cada producto
mes_max_ventas = np.argmax(ventas_mensuales, axis=1) + 1 # Agregar 1 para obtener el número de mes (0-11 -> 1-12)

# Mostrar resultados
print("Total de Ventas por Producto:", total_ventas)
print("Promedio de Ventas Mensuales por Producto:", promedio_ventas)
print("Mes con Mayor Número de Ventas por Producto:", mes_max_ventas)
```

Resultado:

Total de Ventas por Producto: [1980 1620 1410 1745]

Promedio de Ventas Mensuales por Producto: [165. 135. 117.5 145.41666667]

Mes con Mayor Número de Ventas por Producto: [12 12 12 12]

Este ejercicio te permite practicar la manipulación de datos utilizando NumPy, desde la creación de arrays hasta la realización de cálculos estadísticos simples sobre los datos. Puedes ajustar los datos de ventas y realizar más análisis según sea necesario para explorar más funcionalidades de NumPy en la manipulación de datos.

Ejercicio 4: Manipulación de Datos con NumPy

Supongamos que tenemos un conjunto de datos de calificaciones de estudiantes en diferentes materias a lo largo de un semestre. Queremos realizar algunas manipulaciones de datos utilizando NumPy:

- Crea una matriz NumPy que represente las calificaciones de 5 estudiantes en 4 materias (Matemáticas, Ciencias, Historia y Literatura).
- Encuentra la calificación más alta y más baja de cada materia.
- Calcula el promedio de calificaciones por estudiante en todas las materias.
- Encuentra el estudiante con la mejor calificación promedio.

Solución:

```
import numpy as np
# Calificaciones de estudiantes en 4 materias (fila =
estudiante, columna = materia)
calificaciones = np.array([
 [85, 90, 92, 88], # Estudiante 1
 [78, 85, 90, 85], # Estudiante 2
 [90, 92, 88, 95], # Estudiante 3
 [82, 80, 85, 88], # Estudiante 4

 [88, 85, 90, 92] # Estudiante 5
])
# Calificación más alta y más baja de cada materia
```

```python
calificacion_maxima_por_materia = 
np.max(calificaciones, axis=0)
calificacion_minima_por_materia = 
np.min(calificaciones, axis=0)


# Promedio de calificaciones por estudiante en todas 
las materias
promedio_por_estudiante = np.mean(calificaciones, 
axis=1)

# Estudiante con la mejor calificación promedio
mejor_estudiante = np.argmax(promedio_por_estudiante) 
+ 1 # Agregar 1 para obtener el número de estudiante 
(0-4 -> 1-5)


# Mostrar resultados
print("Calificación Más Alta por Materia:", 
calificacion_maxima_por_materia)
print("Calificación Más Baja por Materia:", 
calificacion_minima_por_materia)
print("Promedio de Calificaciones por Estudiante:", 
promedio_por_estudiante)
print("Mejor Estudiante (Número):", mejor_estudiante)
```

Resultado:

Calificación Más Alta por Materia: [90 92 92 95]

Calificación Más Baja por Materia: [78 80 85 85]

Promedio de Calificaciones por Estudiante: [88.75 84.5 91.25 83.75 88.75]

Mejor Estudiante (Número): 3

Este ejercicio te permite practicar la manipulación de matrices de datos utilizando NumPy para realizar cálculos y obtener estadísticas básicas. Puedes modificar las calificaciones y explorar más funcionalidades de NumPy para el análisis de datos según sea necesario.

Ejercicio 5: Gráfico de Líneas

Genera datos de dos series temporales ficticias utilizando NumPy y crea un gráfico de líneas utilizando Matplotlib para visualizar estas series en función del tiempo.

Solución:

```
import numpy as np
import matplotlib.pyplot as plt

# Generar datos ficticios de dos series temporales
tiempo = np.arange(0, 10, 0.1)
serie1 = np.sin(tiempo)
serie2 = np.cos(tiempo)

# Graficar las series temporales
plt.figure(figsize=(8, 6))
plt.plot(tiempo, serie1, label='Serie 1: Sin')
plt.plot(tiempo, serie2, label='Serie 2: Cos')


plt.xlabel('Tiempo')
plt.ylabel('Valor')
plt.title('Gráfico de Líneas de Series Temporales Ficticias')
plt.legend()
plt.grid(True)
plt.show()
```

Resultado:

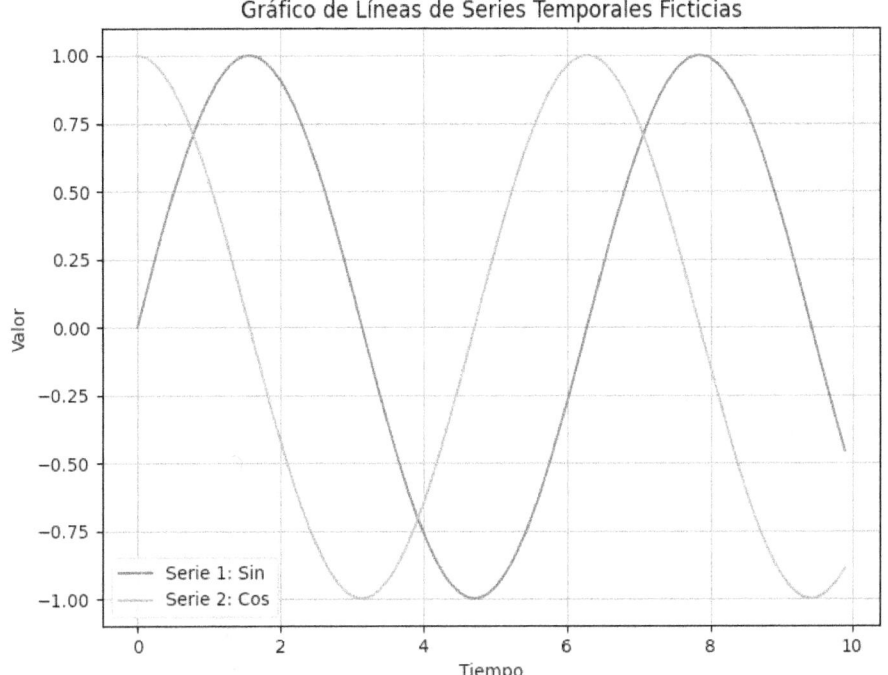

Ejercicio 6: Diagrama de Barras

Genera datos de ventas mensuales ficticias para diferentes productos utilizando NumPy y crea un diagrama de barras utilizando Matplotlib para visualizar las ventas mensuales de estos productos.

Solución:

```
import numpy as np
import matplotlib.pyplot as plt

# Generar datos ficticios de ventas mensuales de
diferentes productos
productos = ['Producto A', 'Producto B', 'Producto
C', 'Producto D']
ventas_mensuales = np.random.randint(50, 200,
size=(len(productos), 12)) # Ventas para 12 meses

# Graficar las ventas mensuales de productos con un
diagrama de barras
plt.figure(figsize=(10, 6))
for i in range(len(productos)):


 plt.bar(np.arange(1, 13), ventas_mensuales[i],
label=productos[i])
plt.xlabel('Mes')
plt.ylabel('Ventas')
plt.title('Ventas Mensuales de Productos')
plt.legend()
```

```
plt.xticks(np.arange(1, 13), [f'Mes {i}' for i in
range(1, 13)])
plt.grid(axis='y')
plt.show()
```

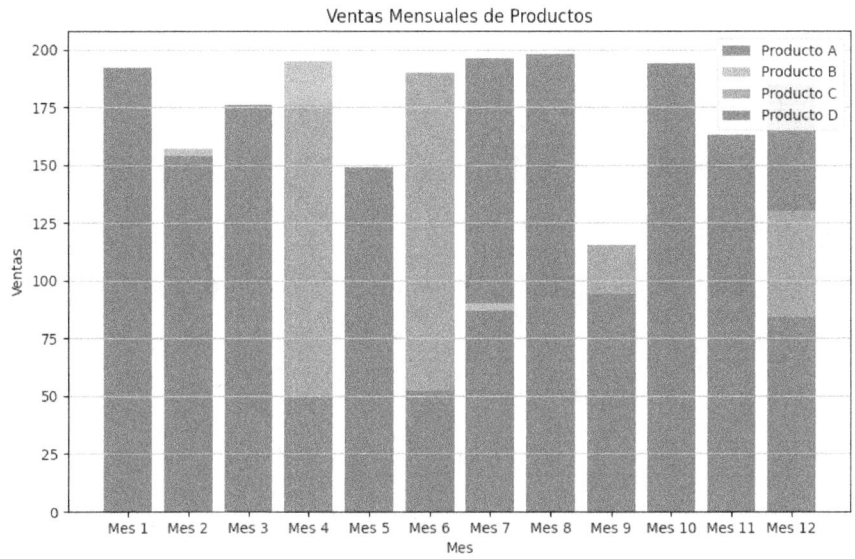

Estos ejercicios te permiten practicar la visualización de datos utilizando Matplotlib junto con NumPy para generar datos ficticios. Puedes ajustar los datos y personalizar los gráficos según sea necesario para explorar más funcionalidades de visualización de datos con Matplotlib.

Ejercicio 7: Resolución de Ecuaciones Lineales

Supongamos que tenemos un sistema de ecuaciones lineales:

$$2x + 3y = 10$$
$$x - y = -1$$

Utiliza NumPy para resolver este sistema de ecuaciones lineales y encuentra los valores de

x e y.

```
import numpy as np


# Coeficientes de las ecuaciones

coeficientes = np.array([[2, 3], [1, -1]])

resultados = np.array([10, -1])


# Resolver el sistema de ecuaciones lineales
```

```
solucion = np.linalg.solve(coeficientes, resultados)


# Mostrar la solución
print("Solución del sistema de ecuaciones:")
print(f"x = {solucion[0]}, y = {solucion[1]}")
```

Resultado:

Solución del sistema de ecuaciones:

```
x = 1.4000000000000004, y = 2.4
```

Ejercicio 8: Interpolación de Datos

Genera datos ficticios que representen puntos en una curva y utiliza NumPy para realizar la interpolación de estos datos, es decir, para estimar valores entre los puntos dados.

Solución:

```
import numpy as np
import matplotlib.pyplot as plt

# Datos ficticios (puntos en una curva)
x = np.linspace(0, 10, 10)
y = np.sin(x)

# Puntos de interpolación
x_interp = np.linspace(0, 10, 100)

# Interpolación utilizando NumPy
y_interp = np.interp(x_interp, x, y)

# Graficar datos y la interpolación
plt.figure(figsize=(8, 6))
plt.plot(x, y, 'o', label='Datos')
plt.plot(x_interp, y_interp, label='Interpolación')
plt.xlabel('X')
plt.ylabel('Y')
plt.title('Interpolación de Datos Ficticios')
plt.legend()
plt.grid(True)
plt.show()
```

Resultado:

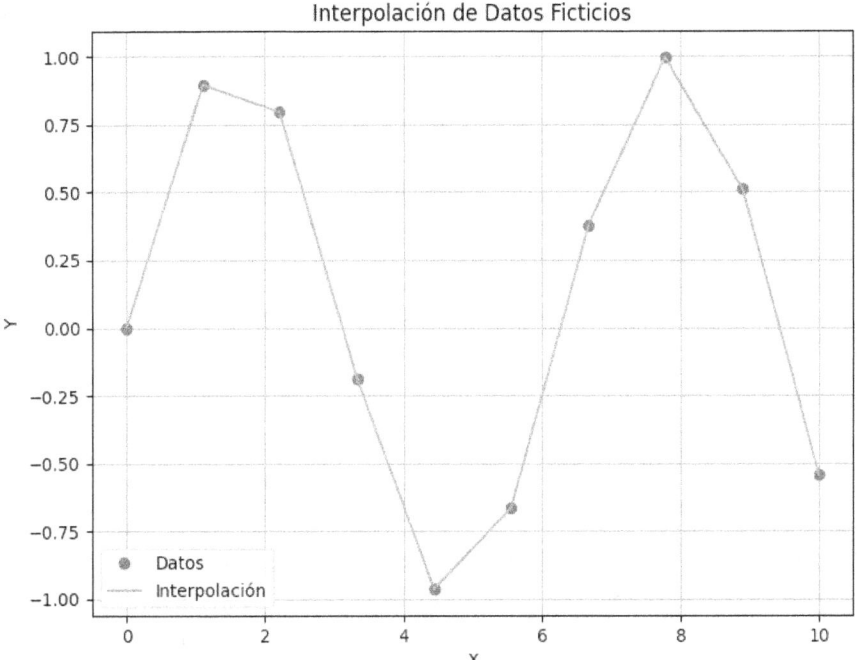

Ejercicio 9: Cálculo de Derivadas

Utiliza NumPy para calcular numéricamente la derivada de una función en un punto dado utilizando diferencias finitas.

Solución:

```
import numpy as np
import matplotlib.pyplot as plt

# Función ficticia
def funcion(x):
  return x**2 + 2*x + 1

# Punto en el que se calculará la derivada
punto = 5
h = 0.0001

# Cálculo numérico de la derivada utilizando
diferencias finitas
derivada = (funcion(punto + h) - funcion(punto)) / h

# Mostrar el valor aproximado de la derivada
print(f"Aproximación de la derivada en x = {punto}:
{derivada}")

# Visualizar la función y la tangente en el punto
dado
x = np.linspace(0, 10, 100)
y = funcion(x)

tangente = derivada * (x - punto) + funcion(punto)
```

```python
plt.figure(figsize=(8, 6))
plt.plot(x, y, label='Función')
plt.plot(x, tangente, label='Tangente en x=5')
plt.scatter(punto, funcion(punto), color='red',
label='Punto (5, 36)')
plt.xlabel('X')
plt.ylabel('Y')
plt.title('Cálculo Numérico de la Derivada')

plt.legend()
plt.grid(True)
plt.show()
```

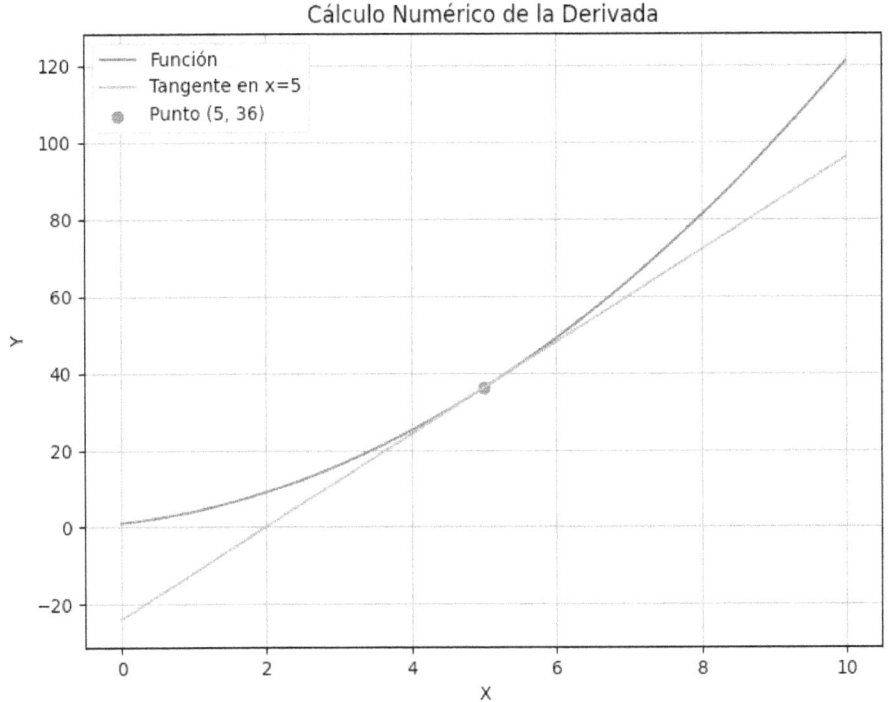

Estos ejercicios aplican distintas técnicas de análisis numérico utilizando NumPy sobre datos ficticios, desde resolver sistemas de ecuaciones hasta calcular derivadas numéricamente. Puedes modificar los datos y los parámetros de las funciones según sea necesario para explorar más aspectos del análisis numérico con NumPy.

Ejercicio 10: Normalización de Datos

Genera datos ficticios que representen características de diferentes productos y utiliza NumPy para normalizar estos datos.

```
import numpy as np

# Datos ficticios (características de productos)
datos_productos = np.array([
 [100, 50, 200], # Producto 1
 [80, 45, 220], # Producto 2
 [120, 60, 180] # Producto 3
])

# Normalización min-max
min_vals = np.min(datos_productos, axis=0)
max_vals = np.max(datos_productos, axis=0)
datos_normalizados = (datos_productos - min_vals) /
(max_vals - min_vals)

# Mostrar datos normalizados
print("Datos normalizados:")
print(datos_normalizados)
```

Resultado:
```
Datos normalizados:
[[0.5         0.33333333 0.5        ]
 [0.         0.         1.         ]
 [1.         1.         0.         ]]
```

Ejercicio 11: Manejo de Valores Faltantes

Crea un conjunto de datos simulados que representen calificaciones de estudiantes donde algunos datos son faltantes. Utiliza NumPy para identificar y manejar los valores faltantes reemplazándolos con la media de cada columna.

```
import numpy as np

# Datos ficticios de calificaciones con valores
faltantes
calificaciones = np.array([
 [85, 90, 92],
 [78, np.nan, 90],
 [90, 92, 88],
 [82, 80, np.nan],
 [88, 85, 90]
])

# Identificar valores faltantes y reemplazarlos con
la media de cada columna
column_means = np.nanmean(calificaciones, axis=0)
calificaciones_sin_nans =
np.where(np.isnan(calificaciones), column_means,
calificaciones)

# Mostrar datos después de manejar valores faltantes
print("Datos después de manejar valores faltantes:")
print(calificaciones_sin_nans)
```

Resultado:

```
Datos después de manejar valores faltantes:
[[85.   90.   92.  ]
 [78.   86.75 90.  ]
 [90.   92.   88.  ]
 [82.   80.   90.  ]
 [88.   85.   90.  ]]
```

Ejercicio 12: Codificación One-Hot

Crea un conjunto de datos ficticios que representen diferentes categorías de productos y utiliza NumPy para realizar la codificación one-hot.

Solución:

```
import numpy as np

# Datos ficticios de categorías de productos
categorias = np.array(['A', 'B', 'C', 'A', 'C', 'B', 'C'])

# Codificación one-hot
categorias_unicas = np.unique(categorias)
one_hot = np.zeros((len(categorias), len(categorias_unicas)))
for i, categoria in enumerate(categorias):
  one_hot[i, np.where(categorias_unicas == categoria)[0]] = 1

# Mostrar codificación one-hot
print("Codificación One-Hot:")
print(one_hot)
```

Resultado:

```
Codificación One-Hot:
[[1. 0. 0.]
 [0. 1. 0.]
 [0. 0. 1.]
 [1. 0. 0.]
 [0. 0. 1.]
 [0. 1. 0.]
 [0. 0. 1.]]
```

Estos ejercicios ilustran diferentes técnicas de preprocesamiento de datos utilizando NumPy, desde normalización hasta manejo de valores faltantes y codificación one-hot. Puedes ajustar los datos y las técnicas según sea necesario para explorar más funcionalidades de preprocesamiento de datos con NumPy.

Ejercicio 13: Operaciones con NumPy y pandas

Crea un DataFrame en pandas con datos aleatorios y utiliza NumPy para realizar operaciones matemáticas en una de las columnas del DataFrame.

Solución:

```
import numpy as np
import pandas as pd

# Crear un DataFrame en pandas
datos = {'A': np.random.randint(1, 100, 10),
 'B': np.random.randint(1, 100, 10),
 'C': np.random.randint(1, 100, 10)}
df = pd.DataFrame(datos)

# Realizar operación con NumPy en una columna de pandas
df['A'] = np.sqrt(df['A'])

# Mostrar el DataFrame modificado
print("DataFrame modificado:")
print(df)
```

Resultado:

```
DataFrame modificado:

          A   B   C

0  8.485281  71  48

1  2.449490  44  23

2  8.660254  62  67

3  2.000000  71  35

4  9.643651  49  24

5  4.472136  61  70

6  4.795832  71  52

7  8.062258  51  33

8  5.196152  91  67

9  4.582576   8  66
```

Ejercicio 14: Generación de Datos con NumPy y pandas

Crea un DataFrame en pandas a partir de datos generados con NumPy y realiza operaciones de resumen utilizando funciones de NumPy en el DataFrame.

Solución:

```
import numpy as np
import pandas as pd

# Generar datos con NumPy
datos = np.random.randn(10, 4)

# Crear DataFrame en pandas
df = pd.DataFrame(datos, columns=['A', 'B', 'C', 'D'])

# Realizar operaciones de resumen utilizando
funciones de NumPy en el DataFrame
media_por_columna = np.mean(df, axis=0)
desviacion_estandar_por_columna = np.std(df, axis=0)

# Mostrar resultados de las operaciones de resumen
print("Media por columna:")
print(media_por_columna)
print("\nDesviación estándar por columna:")
print(desviacion_estandar_por_columna)
```

Resultado:

```
Media por columna:

A   -0.161037

B    0.351593

C    0.144972

D   -0.493217

dtype: float64


Desviación estándar por columna:

A    0.722171

B    1.291438

C    0.690462

D    1.096440

dtype: float64
```

Estos ejercicios ilustran cómo NumPy y pandas pueden combinarse para realizar operaciones matemáticas, manipulaciones de datos y operaciones de resumen en conjuntos de datos de pandas utilizando las capacidades de NumPy.

Ejercicio 15: Gráfico de Línea con NumPy y Matplotlib

Genera datos de una función matemática utilizando NumPy y crea un gráfico de línea con Matplotlib para visualizar la función.

Solución:

```
import numpy as np
import matplotlib.pyplot as plt

# Generar datos de una función matemática
x = np.linspace(0, 10, 100)
y = np.sin(x)

# Graficar la función utilizando Matplotlib
plt.figure(figsize=(8, 6))
plt.plot(x, y)
plt.xlabel('X')
plt.ylabel('Y')
plt.title('Gráfico de la función seno')
plt.grid(True)
plt.show()
```

Resultado:

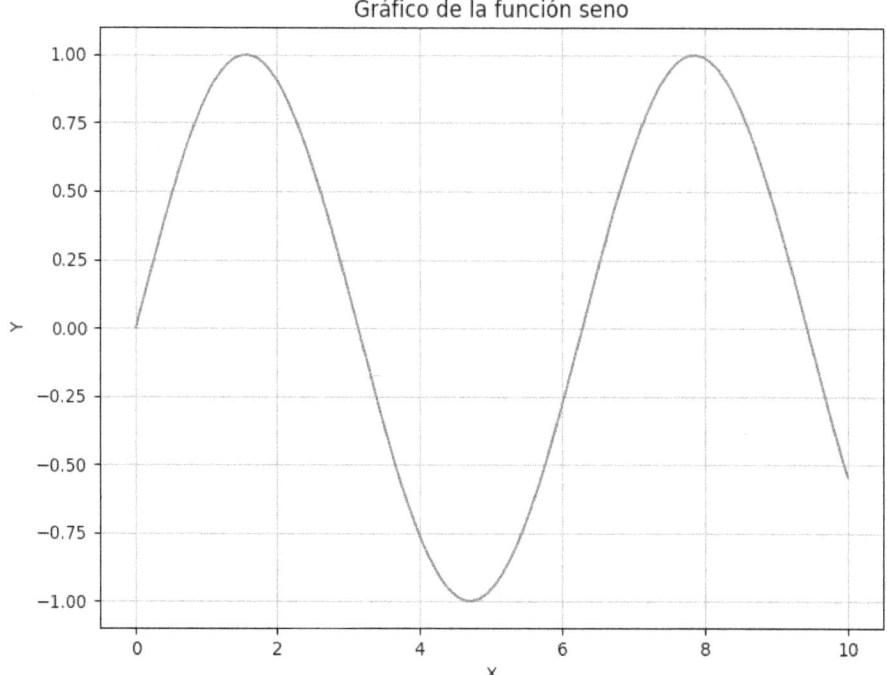

Ejercicio 16: Gráfico de Dispersión con NumPy y Matplotlib

Genera datos aleatorios con NumPy y crea un gráfico de dispersión con Matplotlib para visualizar la relación entre dos conjuntos de datos.

Solución:

```
import numpy as np
import matplotlib.pyplot as plt

# Generar datos aleatorios
x = np.random.rand(100)
y = np.random.rand(100)

# Graficar un gráfico de dispersión utilizando Matplotlib
plt.figure(figsize=(8, 6))
plt.scatter(x, y, color='red', alpha=0.5)
plt.xlabel('X')
plt.ylabel('Y')
plt.title('Gráfico de dispersión')
plt.grid(True)
plt.show()
```

Resultado:

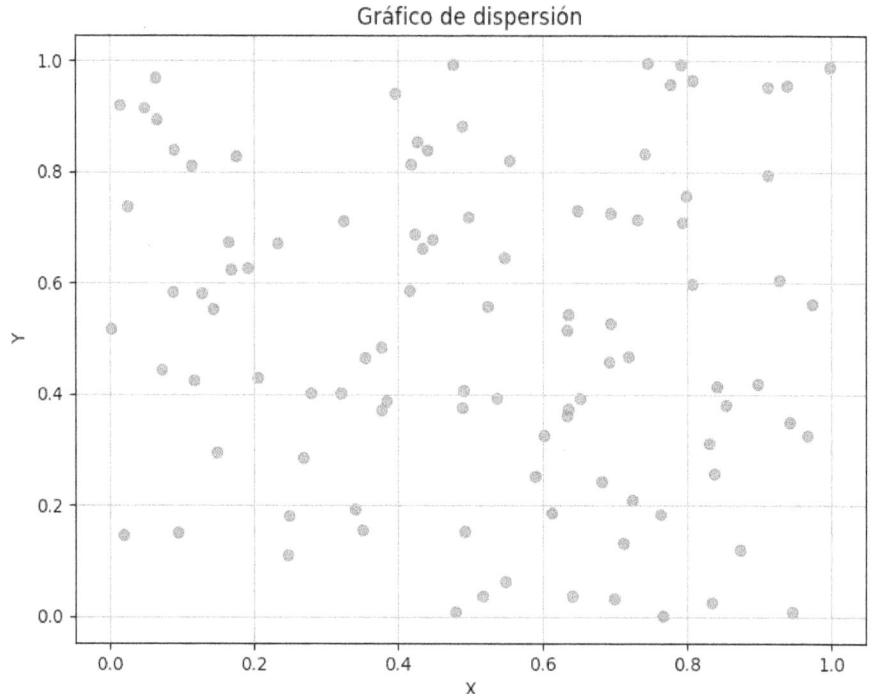

Estos ejercicios muestran cómo NumPy se puede utilizar para generar datos y Matplotlib para visualizarlos en diferentes tipos de gráficos, como gráficos de línea y gráficos de dispersión. Puedes ajustar los datos y las opciones de visualización según sea necesario para explorar más las capacidades de visualización de NumPy y Matplotlib.

Ejercicio 17: Optimización con SciPy

Utiliza la función de optimización de SciPy para encontrar el mínimo de una función.

Solución:

```
import numpy as np
from scipy.optimize import minimize

# Definir la función a minimizar
def funcion(x):
  return x**2 + 10*np.sin(x)

# Minimizar la función utilizando SciPy
x0 = np.array([1.0]) # Punto inicial
resultado = minimize(funcion, x0)

# Mostrar el valor mínimo encontrado
print("Valor mínimo:", resultado.x)
```

Resultado:

```
Valor mínimo: [-1.30644002]
```

Ejercicio 18: Álgebra Lineal con SciPy

Utiliza SciPy para resolver un sistema de ecuaciones lineales.

Solución:

```
import numpy as np
from scipy.linalg import solve

# Coeficientes del sistema de ecuaciones
coeficientes = np.array([[2, 3], [1, -1]])
resultados = np.array([10, -1])

# Resolver el sistema de ecuaciones lineales con SciPy
solucion = solve(coeficientes, resultados)

# Mostrar la solución del sistema de ecuaciones
print("Solución del sistema de ecuaciones:")
print("x =", solucion[0], ", y =", solucion[1])
```

Resultado:

```
Solución del sistema de ecuaciones:

x = 1.4000000000000004 , y = 2.4
```

Ejercicio 19: Estadísticas con SciPy

Utiliza las funciones estadísticas de SciPy para calcular medidas descriptivas.

Solución:

```
import numpy as np
from scipy import stats

# Datos ficticios
datos = np.array([1, 2, 3, 4, 5, 6, 7, 8, 9])

# Calcular medidas descriptivas con SciPy
media = np.mean(datos)
mediana = np.median(datos)
desviacion_estandar = np.std(datos)
percentil_75 = np.percentile(datos, 75)

# Mostrar medidas descriptivas calculadas
print("Media:", media)
print("Mediana:", mediana)
print("Desviación Estándar:", desviacion_estandar)
print("Percentil 75:", percentil_75)
```

Resultado:

Media: 5.0

Mediana: 5.0

Desviación Estándar: 2.581988897471611

Percentil 75: 7.0

Estos ejercicios ilustran diferentes usos de SciPy en diversas áreas, como optimización, álgebra lineal y estadísticas. Puedes ajustar los datos y las funciones según sea necesario para explorar más las capacidades de SciPy en cálculos científicos y matemáticos.

Ejercicio 20: Análisis de Datos con NumPy y pandas

Crea un DataFrame en pandas con datos ficticios y realiza operaciones estadísticas utilizando NumPy.

Solución:

```python
import numpy as np
import pandas as pd

# Crear un DataFrame en pandas con datos aleatorios
data = {
 'A': np.random.randint(1, 100, 10),
 'B': np.random.rand(10),
 'C': np.random.choice(['X', 'Y', 'Z'], 10)
}
df = pd.DataFrame(data)

# Realizar operaciones estadísticas con NumPy en el DataFrame
media_columna_A = np.mean(df['A'])
desviacion_columna_B = np.std(df['B'])

# Mostrar resultados
print("Media de la columna 'A':", media_columna_A)
print("Desviación estándar de la columna 'B':", desviacion_columna_B)
```

Resultado:

Media de la columna 'A': 53.5

Desviación estándar de la columna 'B': 0.2953835300048121

Ejercicio 21: Visualización de Datos con NumPy y Matplotlib

Genera datos de una función trigonométrica utilizando NumPy y crea un gráfico de línea con Matplotlib.

Solución:

```
import numpy as np
import matplotlib.pyplot as plt

# Generar datos para una función trigonométrica
x = np.linspace(0, 2*np.pi, 100)
y = np.sin(x)

# Graficar la función trigonométrica utilizando Matplotlib
plt.figure(figsize=(8, 6))
plt.plot(x, y)
plt.xlabel('X')
plt.ylabel('Y')
plt.title('Gráfico de la función seno')
plt.grid(True)
plt.show()
```

Resultado:

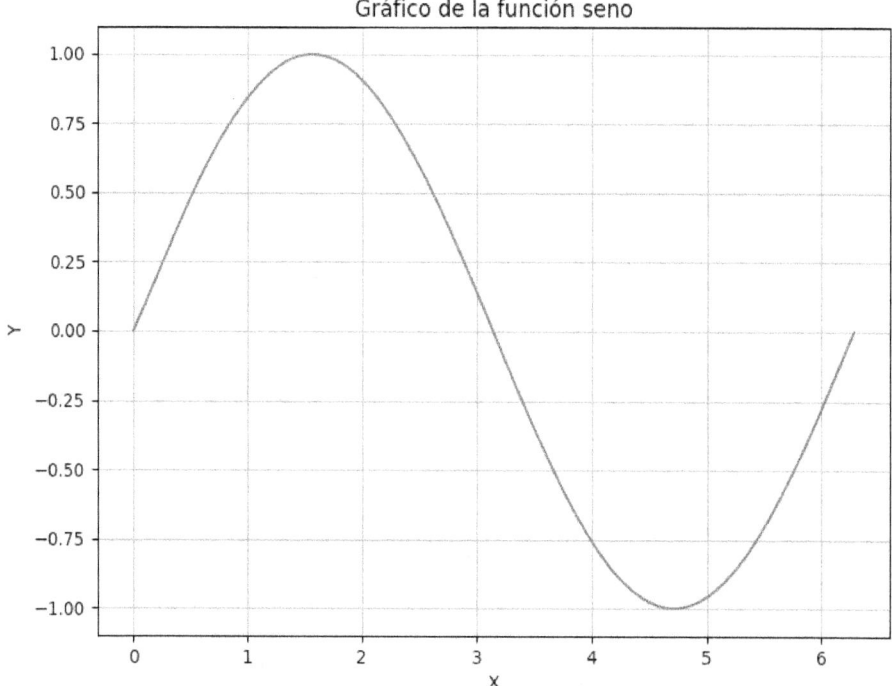

Ejercicio 22: Álgebra Lineal con NumPy y SciPy

Resuelve un sistema de ecuaciones lineales utilizando SciPy, generando los datos con NumPy.

Solución:

```python
import numpy as np
from scipy.linalg import solve

# Generar coeficientes y resultados para un sistema
de ecuaciones lineales
coeficientes = np.array([[2, 3], [1, -1]])
resultados = np.array([10, -1])

# Resolver el sistema de ecuaciones lineales
utilizando SciPy
solucion = solve(coeficientes, resultados)

# Mostrar la solución del sistema de ecuaciones
print("Solución del sistema de ecuaciones lineales:")
print("x =", solucion[0], ", y =", solucion[1])
```

Resultado:

```
Solución del sistema de ecuaciones lineales:
x = 1.4000000000000004 , y = 2.4
```

Ejercicio 23: Preprocesamiento de Datos con NumPy y pandas

Lee un archivo CSV con pandas y realiza operaciones de preprocesamiento utilizando NumPy.

Solución:

```
import numpy as np
import pandas as pd

# Leer un archivo CSV con pandas
dataframe = pd.read_csv('datos.csv')

# Preprocesamiento de datos utilizando NumPy (por ejemplo, manejo de valores faltantes)
datos = dataframe.values
datos_sin_nans = np.nan_to_num(datos)

# Mostrar los datos preprocesados
print("Datos preprocesados:")
print(datos_sin_nans)
```

Ejercicio 24: Estadísticas con NumPy y pandas

Calcula medidas descriptivas sobre un conjunto de datos utilizando NumPy y pandas.

Solución:

```
import numpy as np
import pandas as pd

# Crear un DataFrame en pandas con datos aleatorios
data = {
 'A': np.random.randint(1, 100, 20),
 'B': np.random.rand(20),
'C': np.random.randint(1, 10, 20)  # Generar números enteros aleatorios entre 1 y 10
}
df = pd.DataFrame(data)

# Calcular medidas descriptivas con NumPy y pandas
media_por_columna = df.mean()
maximo_por_columna = df.max()
minimo_por_columna = df.min()

# Mostrar medidas descriptivas calculadas
print("Media por columna:")
print(media_por_columna)
print("\nValor máximo por columna:")
print(maximo_por_columna)
print("\nValor mínimo por columna:")
print(minimo_por_columna)
```

Resultado:

```
Media por columna:

A    44.650000

B     0.601073

C     4.800000

dtype: float64


Valor máximo por columna:

A    98.000000

B     0.967492

C     9.000000

dtype: float64


Valor mínimo por columna:

A     7.000000

B     0.029568

C     1.000000

dtype: float64
```

Estos ejercicios abarcan una variedad de tareas utilizando NumPy, como análisis de datos, visualización, álgebra lineal y preprocesamiento de datos, y demuestran cómo NumPy se integra con otras librerías como pandas, Matplotlib y SciPy para realizar tareas más complejas y avanzadas.

Ejercicio 25: Generación de Matrices Específicas

Crea una matriz diagonal con valores específicos en la diagonal utilizando NumPy.

Solución:

```
import numpy as np

# Crear una matriz diagonal con valores específicos
en la diagonal
diagonal_values = [1, 2, 3, 4, 5]
matriz_diagonal = np.diag(diagonal_values)

print("Matriz diagonal:")
print(matriz_diagonal)
```

Resultado:

```
Matriz diagonal:

[[1 0 0 0 0]

 [0 2 0 0 0]

 [0 0 3 0 0]

 [0 0 0 4 0]

 [0 0 0 0 5]]
```

Ejercicio 26: Operaciones Avanzadas de Álgebra Lineal

Realiza descomposición SVD (Singular Value Decomposition) sobre una matriz aleatoria.

Solución:

```
import numpy as np

# Generar una matriz aleatoria
matriz_aleatoria = np.random.random((5, 3))

# Realizar descomposición SVD sobre la matriz
U, S, VT = np.linalg.svd(matriz_aleatoria)

print("Matriz U:")
print(U)
print("\nMatriz de valores singulares:")
print(S)
print("\nMatriz VT:")
print(VT)
```

Resultado:

Matriz U:

[[-0.35311032 0.27621084 -0.63835234 -0.50938852 -0.36338725]

 [-0.24978202 -0.52037522 0.51815224 -0.57875056 -0.25176302]

 [-0.56695102 0.44457239 0.41813528 0.39001061 -0.39239846]

 [-0.55074271 -0.6158607 -0.36208134 0.41363945 0.12327844]

 [-0.43378689 0.27565955 0.13447877 -0.28699346 0.79711415]]

Matriz de valores singulares:

[2.28504137 0.94163778 0.37774078]

Matriz VT:

[[-0.52009528 -0.76021958 -0.3893162]

 [0.45675524 0.13760264 -0.87888575]

 [0.72171709 -0.63492654 0.27566779]]

Ejercicio 27: Creación de Datos con Patrones Específicos

Crea un array con un patrón de valores que se repiten utilizando NumPy.

Solución:

```
import numpy as np

# Crear un array con un patrón específico
patron = np.array([1, 2, 3])
array_patron = np.tile(patron, 5)

print("Array con patrón repetido:")
print(array_patron)
```

Resultado:

Array con patrón repetido:

```
[1 2 3 1 2 3 1 2 3 1 2 3 1 2 3]
```

Ejercicio 28: Operaciones de Manipulación de Datos

Concatena dos matrices a lo largo de diferentes ejes utilizando NumPy.

Solución:

```
import numpy as np

# Crear matrices aleatorias
matriz_1 = np.random.rand(3, 3)
matriz_2 = np.random.rand(3, 3)

# Concatenar matrices a lo largo de diferentes ejes
concatenacion_horizontal = np.concatenate((matriz_1, matriz_2), axis=1)
concatenacion_vertical = np.concatenate((matriz_1, matriz_2), axis=0)

print("Concatenación horizontal:")
print(concatenacion_horizontal)
print("\nConcatenación vertical:")
print(concatenacion_vertical)
```

Resultado:

```
Concatenación horizontal:

[[0.47145756 0.37484138 0.32758866 0.60913497
0.87511056 0.2981648 ]

 [0.06832656 0.61938148 0.88366579 0.39656535
0.97505617 0.73155206]

 [0.69316845 0.16836372 0.96083503 0.21422479
0.25918806 0.99804056]]


Concatenación vertical:

[[0.47145756 0.37484138 0.32758866]

 [0.06832656 0.61938148 0.88366579]

 [0.69316845 0.16836372 0.96083503]

 [0.60913497 0.87511056 0.2981648 ]

 [0.39656535 0.97505617 0.73155206]

 [0.21422479 0.25918806 0.99804056]]
```

Ejercicio 29: Manipulación de Datos Avanzada

Utiliza máscaras booleanas para manipular y modificar valores dentro de una matriz.

Solución:

```
import numpy as np

# Crear una matriz aleatoria
matriz_aleatoria = np.random.random((4, 4))

# Crear una máscara booleana para valores mayores a 0.5
mascara = matriz_aleatoria > 0.5


# Modificar valores de la matriz basados en la máscara
matriz_aleatoria[mascara] = 0

print("Matriz modificada:")
print(matriz_aleatoria)
```

Resultado:

Matriz modificada:

```
[[0.49926423 0.         0.16257277 0.        ]
 [0.         0.18937724 0.         0.46072396]
 [0.1383274  0.         0.23461226 0.        ]
 [0.         0.         0.         0.        ]]
```

Ejercicio 30: Generación de Datos Aleatorios Avanzados

Genera un array con valores distribuidos según una distribución específica utilizando NumPy.

Solución:

```
import numpy as np

# Generar un array con valores distribuidos según una distribución específica
array_normal = np.random.normal(0, 1, 1000) # Distribución normal (media=0, desviación=1)

print("Array distribuido según una distribución normal:")
print(array_normal[:10]) # Mostrar los primeros 10 valores
```

Resultado:

```
Array distribuido según una distribución normal:
[-0.93166223  0.43512988  0.69016866  1.19354444
 -0.7392311  -0.05239354
  1.8483732   0.07446471  1.31569454  0.23119672]
```

Ejercicio 31: Manipulación de Datos con Estructuras Avanzadas

Utiliza dtype estructurado de NumPy para manejar datos con múltiples tipos de datos.

Solución:

```
import numpy as np


# Crear un dtype estructurado para manejar datos con
múltiples tipos
dt = np.dtype([('nombre', np.unicode_, 16), ('edad',
np.int32), ('altura', np.float64)])

# Crear un array con datos estructurados
datos = np.array([('Juan', 30, 1.75), ('María', 25,
1.60)], dtype=dt)

print("Datos estructurados:")
print(datos)
```

Resultado:

Datos estructurados:

```
[('Juan', 30, 1.75) ('María', 25, 1.6 )]
```

Ejercicio 32: Operaciones de Álgebra Lineal Avanzadas

Calcula la inversa de una matriz utilizando NumPy.

Solución:

```
import numpy as np

# Crear una matriz aleatoria
matriz_aleatoria = np.random.rand(3, 3)

# Calcular la inversa de la matriz
matriz_inversa = np.linalg.inv(matriz_aleatoria)

print("Matriz aleatoria:")
print(matriz_aleatoria)
print("\nMatriz inversa:")
print(matriz_inversa)
```

Resultado:

```
Matriz aleatoria:

[[0.10912873 0.37154979 0.01596855]

 [0.545766   0.53170885 0.87073687]

 [0.88499899 0.21149796 0.50298105]]
```

```
Matriz inversa:

[[ 0.4435945  -0.97744353  1.67802061]

 [ 2.64243883  0.21709571 -0.45971742]

 [-1.89162415  1.62853301 -0.77103751]]
```

Ejercicio 33: Manipulación de Datos con Funciones Avanzadas

Utiliza la función `np.vectorize` para aplicar una función a un array NumPy.

Solución:

```
import numpy as np

# Definir una función que opera sobre un solo valor
def funcion(x):
 return x * 2 + 5

# Convertir la función en una función vectorizada
funcion_vectorizada = np.vectorize(funcion)

# Crear un array y aplicar la función vectorizada
array_original = np.array([1, 2, 3, 4])
array_resultado = funcion_vectorizada(array_original)

print("Array original:")
print(array_original)
print("\nArray resultado después de aplicar la función:")
print(array_resultado)
```

Resultado:

Array original:

```
[1 2 3 4]
```

Array resultado después de aplicar la función:

```
[ 7  9 11 13]
```

Ejercicio 34: Operaciones Avanzadas de Álgebra Lineal

Calcula los valores y vectores propios de una matriz utilizando NumPy.

Solución:

```
import numpy as np

# Crear una matriz aleatoria
matriz_aleatoria = np.random.rand(3, 3)

# Calcular valores y vectores propios de la matriz
valores_propios, vectores_propios = np.linalg.eig(matriz_aleatoria)

print("Valores propios:")
print(valores_propios)
print("\nVectores propios:")
print(vectores_propios)
```

Resultado:

Valores propios:

[1.20484912 -0.3089525   0.0530778]

Vectores propios:

```
[[-0.57457902 -0.70456366  0.54299148]
 [-0.62814692  0.49001455 -0.83973661]
 [-0.52468124  0.51329893  0.00163782]]
```

Estos ejercicios abordan conceptos y funcionalidades más avanzadas de NumPy, desde la manipulación de datos y operaciones algebraicas hasta la generación de datos y la aplicación de funciones vectorizadas. Puedes ajustar los parámetros y valores de entrada para experimentar más con las capacidades avanzadas de NumPy.

Ejercicio 35: Clasificación con scikit-learn

Entrena un modelo de clasificación simple utilizando el conjunto de datos Iris y el algoritmo de clasificación de vecinos más cercanos (KNN).

Solución:

```
from sklearn.datasets import load_iris
from sklearn.model_selection import train_test_split
from sklearn.neighbors import KNeighborsClassifier
from sklearn.metrics import accuracy_score

# Cargar el conjunto de datos Iris
iris = load_iris()
X, y = iris.data, iris.target

# Dividir los datos en conjunto de entrenamiento y prueba
X_train, X_test, y_train, y_test = train_test_split(X, y, test_size=0.2, random_state=42)

# Inicializar y entrenar el modelo KNN
modelo_knn = KNeighborsClassifier(n_neighbors=3)
modelo_knn.fit(X_train, y_train)

# Realizar predicciones en el conjunto de prueba
predicciones = modelo_knn.predict(X_test)

# Calcular la precisión del modelo
precision = accuracy_score(y_test, predicciones)
print("Precisión del modelo KNN:", precision)
```

Resultado:

```
Precisión del modelo KNN: 1.0
```

Ejercicio 36: Regresión con scikit-learn

Realiza una regresión lineal simple utilizando el conjunto de datos de precios de vivienda de Boston.

Solución:

```
from sklearn.datasets import load_boston
from sklearn.linear_model import LinearRegression
from sklearn.metrics import mean_squared_error, r2_score

# Cargar el conjunto de datos de precios de vivienda de Boston
boston = load_boston()
X, y = boston.data, boston.target

# Dividir los datos en conjunto de entrenamiento y prueba
X_train, X_test, y_train, y_test = train_test_split(X, y, test_size=0.2, random_state=42)

# Inicializar y entrenar el modelo de regresión lineal
modelo_regresion = LinearRegression()
modelo_regresion.fit(X_train, y_train)

# Realizar predicciones en el conjunto de prueba
predicciones = modelo_regresion.predict(X_test)
```

```
# Calcular métricas de rendimiento del modelo
mse = mean_squared_error(y_test, predicciones)
r2 = r2_score(y_test, predicciones)
print("Error cuadrático medio (MSE):", mse)
print("Coeficiente de determinación (R^2):", r2)
```

Estos ejercicios muestran cómo utilizar scikit-learn para realizar tareas básicas de aprendizaje automático, como clasificación y regresión. Puedes explorar más funciones y algoritmos proporcionados por scikit-learn y ajustar los parámetros según sea necesario para experimentar con diferentes técnicas de aprendizaje automático.

Ejercicio 37: Red Neuronal con TensorFlow

Crea y entrena una red neuronal simple utilizando TensorFlow para clasificar imágenes del conjunto de datos MNIST.

Solución:

```
import tensorflow as tf
from tensorflow.keras.datasets import mnist

# Cargar el conjunto de datos MNIST y preprocesarlo
(x_train, y_train), (x_test, y_test) = mnist.load_data()
x_train, x_test = x_train / 255.0, x_test / 255.0

# Crear el modelo de red neuronal en TensorFlow
model = tf.keras.models.Sequential([
  tf.keras.layers.Flatten(input_shape=(28, 28)),
  tf.keras.layers.Dense(128, activation='relu'),
  tf.keras.layers.Dropout(0.2),
  tf.keras.layers.Dense(10)
])

# Compilar el modelo
model.compile(optimizer='adam',
loss=tf.keras.losses.SparseCategoricalCrossentropy(from_logits=True),
 metrics=['accuracy'])

# Entrenar el modelo
model.fit(x_train, y_train, epochs=5, validation_data=(x_test, y_test))
```

```python
# Evaluar el modelo en el conjunto de prueba
loss, accuracy = model.evaluate(x_test, y_test, verbose=2)
print("Precisión en el conjunto de prueba:", accuracy)
```

Ejercicio 38: Red Neuronal con PyTorch

Crea y entrena una red neuronal simple utilizando PyTorch para clasificar imágenes del conjunto de datos FashionMNIST.

Solución:

```
import torch
import torchvision
import torch.nn as nn
import torch.optim as optim
import torchvision.transforms as transforms

# Cargar el conjunto de datos FashionMNIST y preprocesarlo
transform = transforms.Compose([transforms.ToTensor(), transforms.Normalize((0.5,), (0.5,))])
trainset = torchvision.datasets.FashionMNIST(root='./data', train=True, download=True, transform=transform)
trainloader = torch.utils.data.DataLoader(trainset, batch_size=64, shuffle=True)

# Definir el modelo de red neuronal en PyTorch
model = nn.Sequential(
 nn.Flatten(),
 nn.Linear(28 * 28, 128),
 nn.ReLU(),
 nn.Dropout(0.2),
 nn.Linear(128, 10)
)

# Definir la función de pérdida y el optimizador
criterion = nn.CrossEntropyLoss()
```

```python
optimizer = optim.Adam(model.parameters(), lr=0.001)

# Entrenar el modelo
for epoch in range(5):
    running_loss = 0.0
    for i, data in enumerate(trainloader, 0):
        inputs, labels = data
        optimizer.zero_grad()
        outputs = model(inputs)
        loss = criterion(outputs, labels)
        loss.backward()
        optimizer.step()
        running_loss += loss.item()
    print(f"Época {epoch+1}, pérdida: {running_loss / len(trainloader)}")

# Evaluar el modelo en el conjunto de prueba
testset = torchvision.datasets.FashionMNIST(root='./data', train=False, download=True, transform=transform)
testloader = torch.utils.data.DataLoader(testset, batch_size=64, shuffle=False)

correct = 0
total = 0
with torch.no_grad():
    for data in testloader:
        images, labels = data
        outputs = model(images)
        _, predicted = torch.max(outputs.data, 1)
        total += labels.size(0)
        correct += (predicted == labels).sum().item()

print("Precisión en el conjunto de prueba:", correct / total)
```

Estos ejercicios ilustran cómo construir y entrenar modelos simples de redes neuronales utilizando TensorFlow y PyTorch para tareas de clasificación de imágenes. Puedes ajustar la arquitectura de la red, los hiperparámetros y las funciones de pérdida para experimentar con diferentes configuraciones y técnicas de aprendizaje profundo.

Ejercicio 39: Cargar y Mostrar una Imagen con OpenCV

Este ejercicio carga una imagen desde el sistema de archivos y la muestra en una ventana utilizando OpenCV.

Solución:

```
import cv2

# Cargar la imagen desde el sistema de archivos
imagen = cv2.imread('ruta_de_la_imagen/imagen.jpg')

# Mostrar la imagen en una ventana
cv2.imshow('Imagen', imagen)
cv2.waitKey(0)
cv2.destroyAllWindows()
```

Ejercicio 40: Detección de Bordes en una Imagen con OpenCV

Este ejercicio utiliza el algoritmo Canny de OpenCV para detectar los bordes en una imagen.

Solución:

```
import cv2

# Cargar la imagen desde el sistema de archivos en escala de grises
imagen = cv2.imread('ruta_de_la_imagen/imagen.jpg', 0)

# Aplicar el algoritmo Canny para detectar bordes
bordes = cv2.Canny(imagen, 100, 200) # Ajustar los umbrales según sea necesario

# Mostrar la imagen original y la detección de bordes en ventanas separadas
cv2.imshow('Imagen Original', imagen)
cv2.imshow('Detección de Bordes', bordes)
cv2.waitKey(0)
cv2.destroyAllWindows()
```

Estos ejercicios muestran cómo cargar imágenes, mostrarlas en una ventana y realizar operaciones simples de procesamiento de imágenes, como la detección de bordes, utilizando OpenCV en Python. Puedes explorar más funciones y capacidades de OpenCV para realizar una amplia variedad de operaciones de procesamiento de imágenes y visión por computadora.

Ejercicio 41: Cálculo de Derivadas

Calcula la derivada de una función simbólica utilizando SymPy.

Solución:

```
import sympy as sp

# Definir el símbolo y la función
x = sp.symbols('x')
funcion = x**3 + 2*x**2 + 3*x + 1

# Calcular la derivada de la función
derivada = sp.diff(funcion, x)

print("Función original:", funcion)
print("Derivada:", derivada)
```

Resultado:

```
Función original: x**3 + 2*x**2 + 3*x + 1

Derivada: 3*x**2 + 4*x + 3
```

Ejercicio 42: Resolución de Ecuaciones Simbólicas

Resuelve una ecuación simbólica utilizando SymPy.

Solución:

```
import sympy as sp

# Definir el símbolo y la ecuación
x = sp.symbols('x')
ecuacion = sp.Eq(x**2 - 4, 0)

# Resolver la ecuación
soluciones = sp.solve(ecuacion, x)

print("Ecuación:", ecuacion)
print("Soluciones:", soluciones)
```

Resultado:

```
Ecuación: Eq(x**2 - 4, 0)
Soluciones: [-2, 2]
```

Ejercicio 43: Álgebra Lineal Simbólica

Realiza operaciones de álgebra lineal simbólica utilizando SymPy.

Solución:

```
import sympy as sp

# Definir las matrices simbólicas
a, b, c, d = sp.symbols('a b c d')
A = sp.Matrix([[a, b], [c, d]])
B = sp.Matrix([[1, 2], [3, 4]])

# Calcular la multiplicación de matrices simbólicas
resultado = A * B

print("Matriz A:")
print(A)
print("\nMatriz B:")
print(B)
print("\nResultado de la multiplicación de matrices:")
print(resultado)
```

Resultado:

```
Matriz A:
Matrix([[a, b], [c, d]])

Matriz B:
Matrix([[1, 2], [3, 4]])

Resultado de la multiplicación de matrices:
Matrix([[a + 3*b, 2*a + 4*b], [c + 3*d, 2*c + 4*d]])
```

Estos ejercicios muestran algunas de las capacidades de SymPy para realizar cálculos simbólicos, resolver ecuaciones, derivar funciones y realizar operaciones de álgebra lineal simbólica. SymPy es útil para manipular expresiones matemáticas de manera simbólica en lugar de numérica, lo que permite realizar cálculos precisos en diversas áreas de las matemáticas.

Ejercicio 44: Procesamiento de Datos con Dask Arrays

Realiza operaciones con arreglos Dask para el procesamiento de datos distribuido.

Solución:

```
import dask.array as da

# Crear un arreglo Dask distribuido
arr = da.random.random((10000, 10000), chunks=(1000, 1000))

# Calcular la suma de todos los elementos del arreglo
suma_total = arr.sum()

print("Suma total de todos los elementos del arreglo:", suma_total.compute())
```

Resultado:

Suma total de todos los elementos del arreglo:
49995526.01631818

Ejercicio 45: Procesamiento de Datos con Dask DataFrames

Realiza operaciones con DataFrames Dask para procesamiento de datos distribuido.

Solución:

```python
import dask.dataframe as dd

# Crear un DataFrame Dask distribuido a partir de un archivo CSV
df = dd.read_csv('datos.csv')

# Realizar un filtrado y calcular la media de una columna
filtrado = df[df['columna'] > 50]
media = filtrado['otra_columna'].mean()

print("Media después del filtrado:", media.compute())
```

Ejercicio 46: Computación Distribuida con Dask

Realiza cálculos distribuidos utilizando Dask en un clúster local.

Solución:

```python
from dask.distributed import Client
import dask.array as da

# Inicializar un clúster local de Dask
client = Client()

# Crear un arreglo Dask distribuido
arr = da.ones((10000, 10000), chunks=(1000, 1000))

# Realizar operaciones en paralelo
resultado = arr * 2

print("Resultado del cálculo paralelo:", resultado.compute())
```

Estos ejercicios demuestran cómo usar Dask para procesar datos de manera distribuida y realizar operaciones en paralelo. Dask es útil para trabajar con conjuntos de datos grandes que no caben en la memoria RAM de una sola máquina, permitiendo la escalabilidad y el procesamiento eficiente en sistemas distribuidos.

Ejercicio con Matplotlib y NumPy.

Ejercicio 47: Graficar una Función Senoidal

Utiliza NumPy para generar datos de una función senoidal y Matplotlib para graficarla.

Solución:

```
import numpy as np
import matplotlib.pyplot as plt

# Generar datos para una función senoidal
x = np.linspace(0, 2*np.pi, 100)
y = np.sin(x)

# Graficar la función senoidal utilizando Matplotlib
plt.plot(x, y)
plt.xlabel('X')
plt.ylabel('Y')
plt.title('Gráfico de la función seno')
plt.show()
```

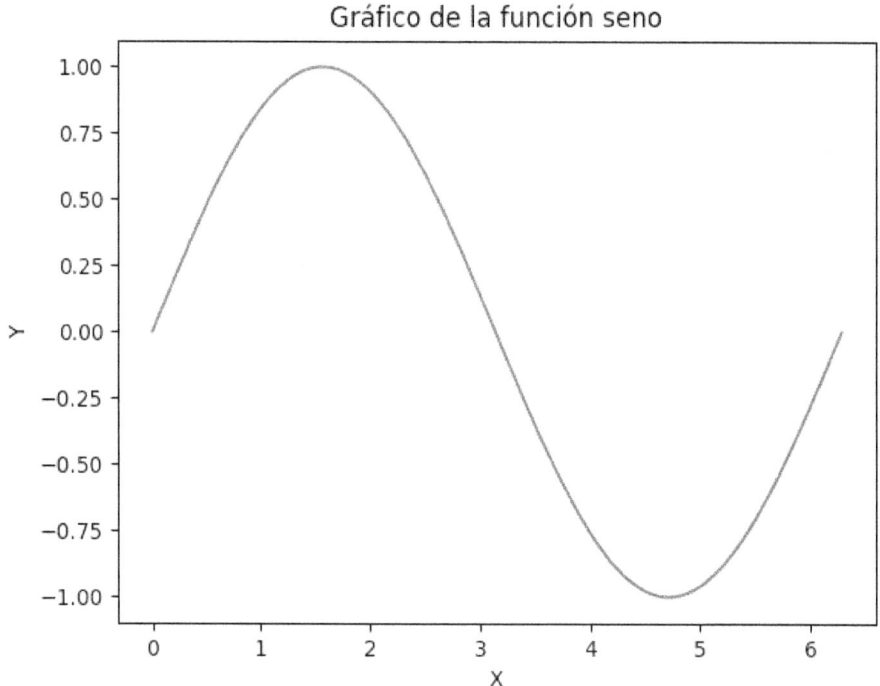

Ejercicio con Pandas y NumPy.

Ejercicio 48: Manipulación de Datos Tabulares

Usa NumPy para realizar cálculos en un DataFrame de Pandas.

Solución:

```
import pandas as pd
import numpy as np

# Crear un DataFrame de Pandas
data = {'A': np.random.randint(1, 100, 10),
 'B': np.random.rand(10)}
df = pd.DataFrame(data)

# Agregar una nueva columna con cálculos de NumPy
df['C'] = np.sqrt(df['A']) + np.log(df['B'])

print(df)
```

Resultado:

```
      A         B         C
0     5  0.238308  0.801875
1    63  0.988039  7.925221
2    38  0.212934  4.617642
3     7  0.368640  1.647817
4    88  0.372836  8.394216
5    32  0.935055  5.589704
6    87  0.711416  8.986882
7    82  0.288014  7.810639
8    72  0.891346  8.370259
9    87  0.498513  8.631253
```

Ejercicio con SciPy y NumPy.

Ejercicio 49: Ajuste de Curvas

Utiliza SciPy junto con NumPy para ajustar una curva a datos ruidosos.

Solución:

```
import numpy as np
from scipy.optimize import curve_fit
import matplotlib.pyplot as plt

# Datos con ruido
x = np.linspace(0, 10, 100)
y = np.sin(x) + np.random.normal(0, 0.1, 100)

# Función para el ajuste
def func(x, a, b):
  return a * np.sin(b * x)

# Realizar el ajuste de curva con curve_fit de SciPy
popt, pcov = curve_fit(func, x, y)

# Graficar los datos y la curva ajustada
plt.scatter(x, y, label='Datos con ruido')
plt.plot(x, func(x, *popt), 'r-', label='Curva ajustada')
plt.legend()
plt.show()
```

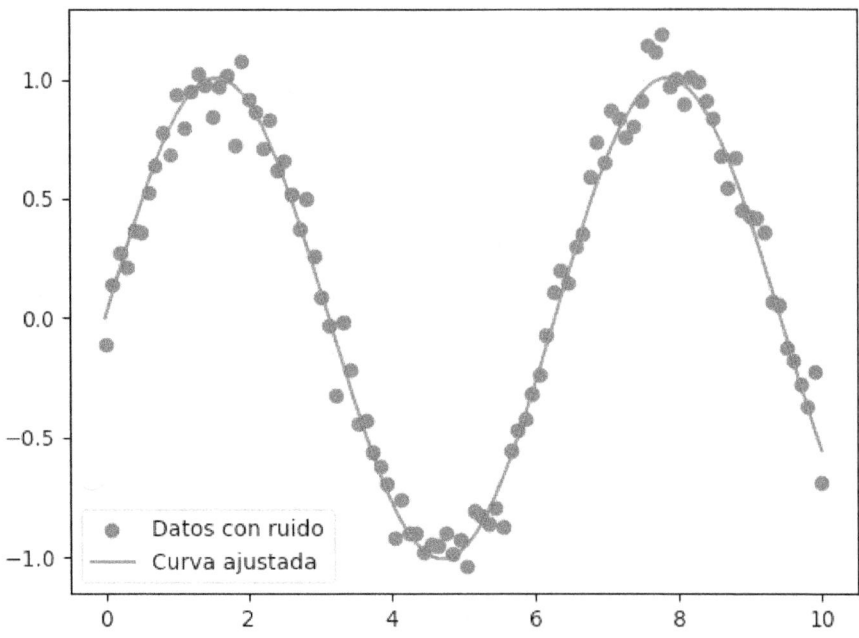

Ejercicio con TensorFlow y NumPy.

Ejercicio 50: Creación de un Modelo de Regresión

Lineal Simple.

Utiliza NumPy para generar datos y TensorFlow para crear un modelo de regresión lineal.

Solución:

```
import numpy as np
import tensorflow as tf
import matplotlib.pyplot as plt

# Generar datos aleatorios
X = np.random.rand(100).astype(np.float32)
Y = X * 0.1 + 0.3 + np.random.normal(0.0, 0.03, 100)

# Definir el modelo de regresión lineal en TensorFlow
W = tf.Variable(np.random.randn())
b = tf.Variable(np.random.randn())

def linear_regression(x):
 return W * x + b

# Definir la función de pérdida y el optimizador
def loss_fn(y_true, y_pred):
 return tf.reduce_mean(tf.square(y_true - y_pred))
```

```python
optimizer = tf.optimizers.Adam(learning_rate=0.01)


# Entrenar el modelo
epochs = 1000


for epoch in range(epochs):


    with tf.GradientTape() as tape:
        predictions = linear_regression(X)
        loss = loss_fn(Y, predictions)
    gradients = tape.gradient(loss, [W, b])
    optimizer.apply_gradients(zip(gradients, [W, b]))

# Visualizar los datos y la regresión lineal
plt.scatter(X, Y)
plt.plot(X, linear_regression(X), 'r')
plt.show()
```

Ejercicio con SymPy y NumPy.

Ejercicio 51:Integrales Simbólicas

Utiliza SymPy junto con NumPy para calcular una integral simbólica y numérica.

Solución:

```
import numpy as np
import sympy as sp

# Calcular la integral simbólica
x = sp.symbols('x')
integral_simbolica = sp.integrate(x**2, x)

# Definir la función x^2
def f(x):
    return x**2

# Calcular la integral numérica con NumPy
a, b = 0, 1  # Límites de integración
n_points = 100  # Número de puntos de evaluación
x_values = np.linspace(a, b, n_points)  # Puntos x sobre los que evaluaremos la función
y_values = f(x_values)  # Valores de la función x^2 en esos puntos

integral_numerica = np.trapz(y_values, x=x_values)
```

```
print("Integral simbólica:", integral_simbolica)
print("Integral numérica:", integral_numerica)
```

Resultado:

```
Integral simbólica: x**3/3
Integral numérica: 0.33335033840084355
```

Ejercicio con OpenCV y NumPy.

Ejercicio 52: Dibujar y Mostrar una Imagen con OpenCV

Usa NumPy para crear una imagen y OpenCV para mostrarla.

Solución:

```
import cv2
import numpy as np

# Crear una imagen con NumPy
imagen = np.zeros((300, 300, 3), dtype=np.uint8)
imagen[:] = (255, 0, 0) # Color azul

# Mostrar la imagen con OpenCV
cv2.imshow('Imagen', imagen)
cv2.waitKey(0)
cv2.destroyAllWindows()
```

Resultado:

Ejercicio con Scikit-Learn y NumPy.

Ejercicio 53: Clasificación con KNN

Utiliza NumPy para generar datos y Scikit-Learn para realizar clasificación con KNN.

Solución:

```
import numpy as np
from sklearn.datasets import make_classification
from sklearn.model_selection import train_test_split
from sklearn.neighbors import KNeighborsClassifier
from sklearn.metrics import accuracy_score

# Generar datos aleatorios
X, y = make_classification(n_samples=1000,
n_features=10, n_classes=2, random_state=42)

# Dividir los datos en conjunto de entrenamiento y
prueba
X_train, X_test, y_train, y_test =
train_test_split(X, y, test_size=0.2,
random_state=42)

# Inicializar y entrenar el modelo KNN
modelo_knn = KNeighborsClassifier(n_neighbors=5)
modelo_knn.fit(X_train, y_train)


# Realizar predicciones en el conjunto de prueba
predicciones = modelo_knn.predict(X_test)
```

```
# Calcular la precisión del modelo
precision = accuracy_score(y_test, predicciones)
print("Precisión del modelo KNN:", precision)
```

Resultado:

```
Precisión del modelo KNN: 0.8
```

Ejercicio con Pandas y NumPy.

Ejercicio 54: Manipulación de Datos Tabulares

Utiliza NumPy para realizar cálculos en un DataFrame de Pandas.

Solución:

```
import pandas as pd
import numpy as np

# Crear un DataFrame de Pandas
data = {'A': np.random.randint(1, 100, 10),
 'B': np.random.rand(10)}
df = pd.DataFrame(data)

# Agregar una nueva columna con cálculos de NumPy
df['C'] = np.sqrt(df['A']) + np.log(df['B'])

print(df)
```

Resultado:

	A	B	C
0	97	0.682214	9.466446
1	33	0.800953	5.522610
2	67	0.100100	5.883770
3	82	0.473309	8.307377
4	8	0.891219	2.713262
5	46	0.196062	5.153006
6	73	0.925434	8.466511
7	70	0.407732	7.469456
8	49	0.628774	6.536016
9	98	0.250440	8.514958

Ejercicio con TensorFlow y NumPy.

Ejercicio 55: Creación de una Red Neuronal Simple

Utiliza NumPy para generar datos y TensorFlow para crear una red neuronal simple.

Solución:

```
import numpy as np
import tensorflow as tf

# Generar datos aleatorios
X = np.random.rand(100, 1)
y = 2 * X + 1 + np.random.randn(100, 1) * 0.1

# Definir el modelo de red neuronal en TensorFlow
model = tf.keras.Sequential([
  tf.keras.layers.Dense(1, input_shape=(1,))
])

# Compilar el modelo
model.compile(optimizer='sgd', loss='mse')

# Entrenar el modelo
model.fit(X, y, epochs=100)


# Imprimir los pesos del modelo
```

```
print("Pesos del modelo:",
model.layers[0].get_weights())
```

Ejercicio con SciPy y NumPy.

Ejercicio 56: Optimización de Funciones

Utiliza SciPy junto con NumPy para optimizar una función.

Solución:

```
import numpy as np
from scipy.optimize import minimize

# Definir una función de coste
def funcion_coste(x):
 return x**4 - 3 * x**3 + 2

# Encontrar el mínimo de la función utilizando minimize de SciPy
resultado = minimize(funcion_coste, x0=0)

print("Mínimo de la función:", resultado.x)
```

Resultado:

```
Mínimo de la función: [0.]
```

Estos ejercicios muestran cómo NumPy se integra con diversas librerías en Python para realizar tareas en diferentes áreas, desde manipulación de datos hasta aprendizaje automático, visualización, procesamiento de imágenes y más. Experimenta con ellos para profundizar en el uso de NumPy junto con otras herramientas de Python.

Ejercicio 57: Análisis de Datos Meteorológicos

Utiliza NumPy para cargar datos meteorológicos desde un archivo CSV y realiza análisis estadístico.

Solución:

```
import numpy as np

# Cargar datos meteorológicos desde un archivo CSV
datos = np.genfromtxt('datos_meteorologicos.csv', delimiter=',')

# Calcular estadísticas básicas
promedio_temperatura = np.mean(datos[:, 0])
maxima_temperatura = np.max(datos[:, 0])
minima_temperatura = np.min(datos[:, 0])
desviacion_temperatura = np.std(datos[:, 0])

print("Promedio de temperatura:", promedio_temperatura)
print("Máxima temperatura:", maxima_temperatura)
print("Mínima temperatura:", minima_temperatura)
print("Desviación estándar de temperatura:", desviacion_temperatura)
```

Ejercicio 58: Procesamiento de Imágenes Médicas

Utiliza NumPy para cargar una imagen médica en formato DICOM y realiza operaciones de procesamiento de imágenes.

Solución:

```
import numpy as np
import pydicom
import matplotlib.pyplot as plt

# Cargar una imagen médica DICOM
imagen_dcm = pydicom.dcmread('imagen_medica.dcm')
imagen_array = imagen_dcm.pixel_array

# Aplicar una operación de suavizado utilizando NumPy
kernel = np.ones((5, 5)) / 25
imagen_suavizada = np.convolve(imagen_array, kernel, mode='same')

# Mostrar la imagen original y la suavizada
plt.subplot(1, 2, 1)
plt.imshow(imagen_array, cmap='gray')
plt.title('Imagen Original')

plt.subplot(1, 2, 2)
plt.imshow(imagen_suavizada, cmap='gray')
plt.title('Imagen Suavizada')

plt.show()
```

Ejercicio 59: Análisis de Datos Financieros

Carga datos financieros desde un archivo CSV utilizando NumPy y realiza cálculos financieros.

Solución:

```python
import numpy as np

# Cargar datos financieros desde un archivo CSV
datos_financieros = np.genfromtxt('datos_financieros.csv', delimiter=',')

# Calcular el rendimiento diario y anual
rendimiento_diario = np.diff(datos_financieros) / datos_financieros[:-1]
rendimiento_anual = np.prod(rendimiento_diario + 1) - 1

print("Rendimiento diario:", rendimiento_diario)
print("Rendimiento anual:", rendimiento_anual)
```

Ejercicio 60: Procesamiento de Datos de Sensores

Utiliza NumPy para cargar datos de sensores desde un archivo TXT y realiza análisis de series temporales.

Solución:

```
import numpy as np
import matplotlib.pyplot as plt

# Cargar datos de sensores desde un archivo TXT
datos_sensores = np.loadtxt('datos_sensores.txt')

# Graficar la serie temporal de los datos de sensores
plt.plot(datos_sensores)
plt.xlabel('Tiempo')
plt.ylabel('Valores de los sensores')
plt.title('Datos de los sensores a lo largo del tiempo')
plt.show()

# Calcular estadísticas sobre los datos de los sensores
media = np.mean(datos_sensores)
mediana = np.median(datos_sensores)
desviacion = np.std(datos_sensores)

print("Media:", media)
print("Mediana:", mediana)
print("Desviación estándar:", desviacion)
```

Estos ejercicios demuestran cómo NumPy se puede utilizar para realizar análisis avanzados de datos provenientes de diversas fuentes, como datos meteorológicos, imágenes médicas, datos financieros y datos de sensores. Adapta los ejercicios según tus necesidades y el formato de los datos externos que tengas disponibles.

Nivel Intermedio.

Ejercicio 61: Segmentación de imágenes usando operaciones de manipulación y filtros en NumPy.

Solución:

```python
import numpy as np
import matplotlib.pyplot as plt

# Supongamos que 'image' es tu imagen en escala de
grises representada como una matriz NumPy

# Definir una imagen de ejemplo (matriz NumPy)
image = np.array([[50, 120, 80, 90],
                  [150, 100, 70, 130],
                  [60, 110, 140, 180],
                  [70, 90, 120, 160]])


# Define un umbral para la segmentación (ejemplo:
umbral de intensidad)
threshold = 100

# Aplica el filtro de umbralización para segmentar la
imagen
segmented_image = np.zeros_like(image)  # Inicializa
una matriz para la imagen segmentada
segmented_image[image > threshold] = 255  # Asigna
blanco (255) a píxeles por encima del umbral

# Visualiza la imagen original y la imagen segmentada
plt.figure(figsize=(10, 5))
```

```python
# Mostrar la imagen original
plt.subplot(1, 2, 1)
plt.imshow(image, cmap='gray')
plt.title('Imagen Original')
plt.axis('off')


# Mostrar la imagen segmentada
plt.subplot(1, 2, 2)
plt.imshow(segmented_image, cmap='gray')
plt.title('Imagen Segmentada')
plt.axis('off')

plt.show()
```

Resultado:

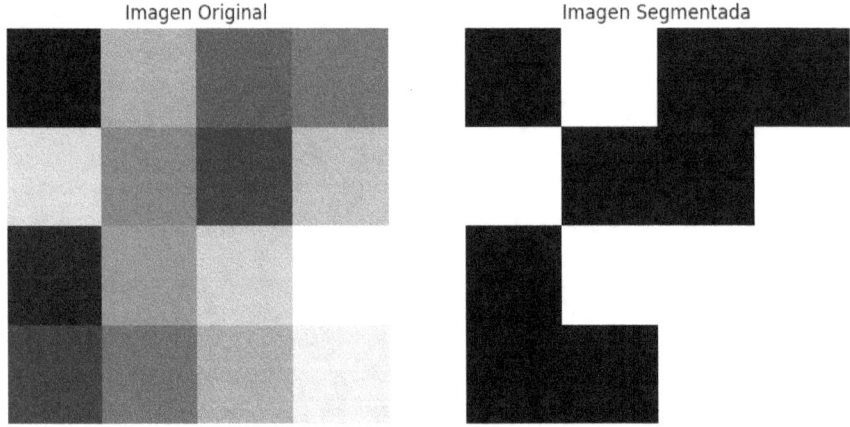

En este ejemplo:

- Definimos un umbral (`threshold = 100`) que separa las intensidades de píxeles en la imagen original.
- Creamos una nueva matriz llamada `segmented_image` que inicialmente es una copia de la imagen original, pero donde aplicaremos el filtro de umbralización.
- Utilizamos NumPy para aplicar la umbralización: cualquier píxel en la imagen original que tenga un valor mayor que el umbral se establece en blanco (255) en la imagen segmentada, mientras que los píxeles por debajo del umbral permanecen en negro (0).

Este ejemplo es una forma básica de segmentar una imagen utilizando operaciones de manipulación y filtros con NumPy. Para aplicaciones más avanzadas de segmentación de imágenes, como segmentación por regiones o bordes, se suelen utilizar técnicas más sofisticadas que involucran filtros más complejos y algoritmos de procesamiento de imágenes.

Ejercicio 62: Segmentación de imágenes usando el operador Sobel

Solución:

```
import cv2
import numpy as np
import matplotlib.pyplot as plt

# Carga la imagen en color y conviértela a escala de grises
image = cv2.imread('ruta/a/tu/imagen.jpg', cv2.IMREAD_COLOR)
gray_image = cv2.cvtColor(image, cv2.COLOR_BGR2GRAY)

# Aplica el operador Sobel para detectar gradientes en la imagen
sobelx = cv2.Sobel(gray_image, cv2.CV_64F, 1, 0, ksize=3)
sobely = cv2.Sobel(gray_image, cv2.CV_64F, 0, 1, ksize=3)

# Calcula la magnitud del gradiente (norma Euclidiana)
gradient_magnitude = np.sqrt(sobelx**2 + sobely**2)
```

```python
# Define un umbral para la segmentación basada en
bordes
threshold = 50

# Aplica el filtro de umbralización para
segmentar la imagen por bordes
segmented_image = np.zeros_like(gray_image)
segmented_image[gradient_magnitude > threshold] = 255

# Visualiza la imagen original y la imagen
segmentada por bordes
plt.figure(figsize=(12, 6))

# Mostrar la imagen original
plt.subplot(1, 2, 1)
plt.imshow(cv2.cvtColor(image,
cv2.COLOR_BGR2RGB))
plt.title('Imagen Original')
plt.axis('off')

# Mostrar la imagen segmentada por bordes
plt.subplot(1, 2, 2)
plt.imshow(segmented_image, cmap='gray')
plt.title('Imagen Segmentada por Bordes')
plt.axis('off')

plt.show()
```

Aquí te presento otro ejemplo de segmentación de imágenes utilizando técnicas más avanzadas, como la segmentación por bordes utilizando el operador Sobel para detectar gradientes en una imagen.

En este ejemplo, utilizaremos la librería OpenCV junto con NumPy para realizar la segmentación por bordes. Asegúrate de tener instalada la librería `opencv-python` para poder ejecutar este código.

En este ejemplo:

- Cargamos una imagen en color utilizando OpenCV (`cv2.imread`) y la convertimos a escala de grises utilizando `cv2.cvtColor`.
- Aplicamos el operador Sobel en dirección horizontal (`sobelx`) y vertical (`sobely`) utilizando `cv2.Sobel` para calcular los gradientes en la imagen.
- Calculamos la magnitud del gradiente (`gradient_magnitude`) como la norma Euclidiana de los gradientes horizontal y vertical.
- Definimos un umbral (`threshold = 50`) para segmentar la imagen en base a la magnitud del gradiente.
- Creamos una nueva matriz llamada `segmented_image` donde asignamos blanco (255) a los píxeles que superan el umbral de magnitud de gradiente.

Este ejemplo utiliza el operador Sobel para resaltar los bordes en la imagen y luego aplica un filtro de umbralización para segmentar la imagen en blanco y negro, donde los píxeles blancos representan los bordes detectados. Esta es una técnica comúnmente utilizada en el procesamiento de imágenes para segmentar objetos basándose en características como los bordes.

Ejercicio 63: Suavizado de Imágenes con Filtro Gaussiano

En este ejercicio, aplicaremos un filtro gaussiano para suavizar una imagen y luego realizaremos una comparación visual entre la imagen original y la imagen suavizada.

Solución:

```
import cv2
import numpy as np
import matplotlib.pyplot as plt

# Carga la imagen en color y conviértela a escala de grises
image = cv2.imread('ruta/a/tu/imagen.jpg', cv2.IMREAD_COLOR)
gray_image = cv2.cvtColor(image, cv2.COLOR_BGR2GRAY)

# Aplica un filtro gaussiano para suavizar la imagen
smoothed_image = cv2.GaussianBlur(gray_image, (5, 5), 0)  # Tamaño del kernel: (5, 5)

# Visualiza la imagen original y la imagen suavizada
plt.figure(figsize=(12, 6))

# Mostrar la imagen original
plt.subplot(1, 2, 1)
plt.imshow(cv2.cvtColor(image, cv2.COLOR_BGR2RGB))
plt.title('Imagen Original')
plt.axis('off')
```

```
# Mostrar la imagen suavizada
plt.subplot(1, 2, 2)
plt.imshow(smoothed_image, cmap='gray')
plt.title('Imagen Suavizada (Filtro Gaussiano)')
plt.axis('off')

plt.show()
```

Resultado:

Ejercicio 64: Detección de Contornos con Canny Edge Detector

En este ejercicio, utilizaremos el detector de bordes Canny para detectar los contornos en una imagen en escala de grises y luego visualizaremos los contornos sobre la imagen original.

Solución:

```
import cv2
import numpy as np
import matplotlib.pyplot as plt

# Carga la imagen en color y conviértela a escala de grises
image = cv2.imread('ruta/a/tu/imagen.jpg', cv2.IMREAD_COLOR)
gray_image = cv2.cvtColor(image, cv2.COLOR_BGR2GRAY)

# Aplica el detector de bordes Canny para detectar contornos
edges = cv2.Canny(gray_image, threshold1=30, threshold2=100) # Ajusta los umbrales según sea necesario

# Visualiza la imagen original y los contornos detectados
plt.figure(figsize=(12, 6))

# Mostrar la imagen original
```

```python
plt.subplot(1, 2, 1)
plt.imshow(cv2.cvtColor(image, cv2.COLOR_BGR2RGB))
plt.title('Imagen Original')
plt.axis('off')

# Mostrar los contornos detectados sobre la imagen
original
plt.subplot(1, 2, 2)
plt.imshow(edges, cmap='gray')
plt.title('Contornos Detectados (Canny)')
plt.axis('off')

plt.show()
```

Resultado:

Ejercicio 65: Segmentación por Color con Filtros HSV

En este ejercicio, realizaremos la segmentación de una imagen en función del color utilizando el espacio de color HSV (Hue, Saturation, Value). Esto nos permitirá aislar objetos de cierto color en la imagen original.

```
import cv2
import numpy as np
import matplotlib.pyplot as plt

# Carga la imagen en color
image = cv2.imread('ruta/a/tu/imagen.jpg',
cv2.IMREAD_COLOR)

# Convierte la imagen al espacio de color HSV
hsv_image = cv2.cvtColor(image, cv2.COLOR_BGR2HSV)

# Define los rangos de color para la segmentación
(ejemplo: verde)
lower_green = np.array([40, 40, 40]) # Rango inferior
de color verde en HSV
upper_green = np.array([80, 255, 255]) # Rango
superior de color verde en HSV

# Aplica un filtro para aislar el color verde
mask = cv2.inRange(hsv_image, lower_green,
upper_green)
segmented_image = cv2.bitwise_and(image, image,
mask=mask)
```

```
# Visualiza la imagen original y la imagen segmentada
por color
plt.figure(figsize=(12, 6))

# Mostrar la imagen original
plt.subplot(1, 2, 1)
plt.imshow(cv2.cvtColor(image, cv2.COLOR_BGR2RGB))
plt.title('Imagen Original')
plt.axis('off')

# Mostrar la imagen segmentada por color
plt.subplot(1, 2, 2)
plt.imshow(cv2.cvtColor(segmented_image,
cv2.COLOR_BGR2RGB))
plt.title('Segmentación por Color (Verde)')
plt.axis('off')

plt.show()
```

Resultado:

Estos ejercicios proporcionan una introducción a algunas técnicas básicas de procesamiento de imágenes utilizando NumPy y OpenCV. Puedes experimentar modificando los parámetros y explorando diferentes técnicas para aprender más sobre el procesamiento de imágenes

Ejercicio 66: Diseño y Aplicación de un Filtro Paso Bajo

En este ejercicio, diseñaremos un filtro paso bajo (low-pass filter) utilizando NumPy y aplicaremos este filtro a una señal para atenuar las frecuencias altas.

Solución:

```
import numpy as np
import matplotlib.pyplot as plt

# Genera una señal de ejemplo (por ejemplo, una señal sinusoidal)
t = np.linspace(0, 1, 1000, endpoint=False) # Vector de tiempo de 0 a 1 segundos
frequency = 10 # Frecuencia de la señal sinusoidal en Hz
signal = np.sin(2 * np.pi * frequency * t)

# Diseña un filtro paso bajo (por ejemplo, un filtro de media móvil)
window_size = 20
filter_coeff = np.ones(window_size) / window_size

# Aplica el filtro a la señal
filtered_signal = np.convolve(signal, filter_coeff, mode='same')

# Visualiza la señal original y la señal filtrada
plt.figure(figsize=(10, 6))
plt.plot(t, signal, label='Señal Original')
plt.plot(t, filtered_signal, label='Señal Filtrada')
```

```python
plt.title('Filtrado de Señal Paso Bajo')
plt.xlabel('Tiempo (s)')
plt.ylabel('Amplitud')
plt.legend()
plt.grid(True)
plt.show()
```

Resultado:

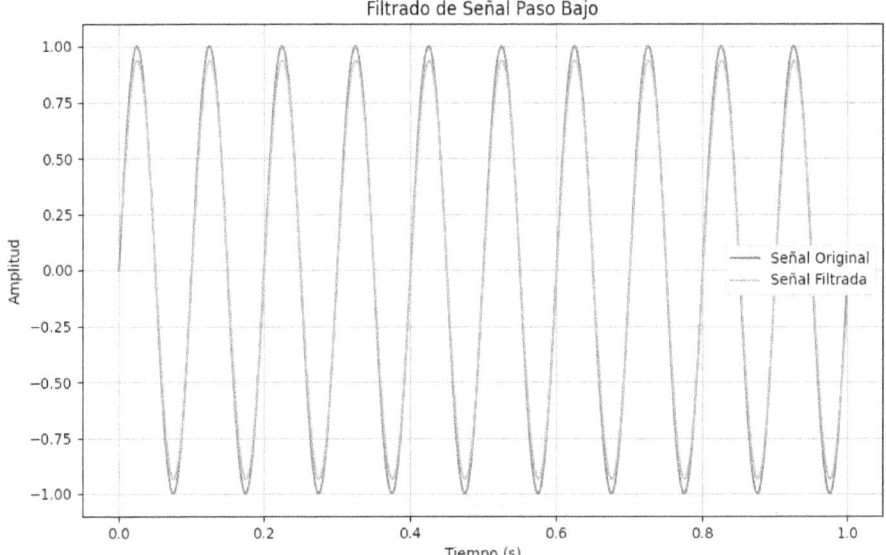

Ejercicio 67: Aplicación de la Transformada de Fourier

En este ejercicio, aplicaremos la transformada de Fourier rápida (FFT) a una señal para obtener su representación en el dominio de la frecuencia.

Solución:

```
import numpy as np
import matplotlib.pyplot as plt

# Genera una señal de ejemplo (por ejemplo, una señal compuesta de dos frecuencias)
t = np.linspace(0, 1, 1000, endpoint=False) # Vector de tiempo de 0 a 1 segundos
frequency1 = 10 # Frecuencia 1 en Hz
frequency2 = 30 # Frecuencia 2 en Hz
signal = np.sin(2 * np.pi * frequency1 * t) + 0.5 * np.sin(2 * np.pi * frequency2 * t)

# Calcula la transformada de Fourier de la señal
fft_result = np.fft.fft(signal)
frequencies = np.fft.fftfreq(len(signal), d=t[1]-t[0])

# Visualiza el espectro de frecuencia (magnitud) de la señal
```

```
plt.figure(figsize=(10, 6))
plt.plot(frequencies, np.abs(fft_result))
plt.title('Espectro de Frecuencia (Transformada de
Fourier)')
plt.xlabel('Frecuencia (Hz)')
plt.ylabel('Magnitud')
plt.grid(True)
plt.show()
```

Resultado:

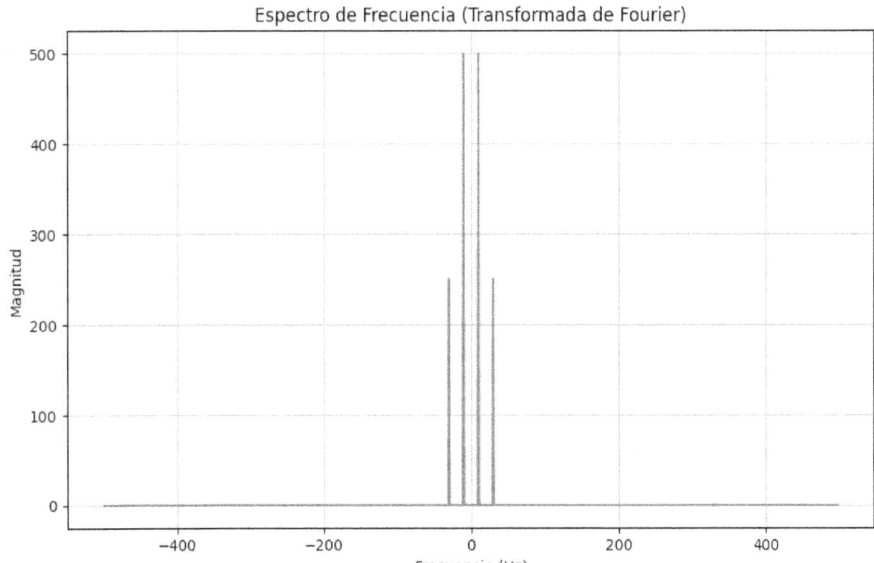

Ejercicio 68: Filtrado de una Señal Utilizando FFT

En este ejercicio, implementaremos un filtrado de señal en el dominio de la frecuencia utilizando la transformada de Fourier.

Solución:

```
import numpy as np
import matplotlib.pyplot as plt

# Genera una señal de ejemplo (por ejemplo, una señal con ruido)
t = np.linspace(0, 1, 1000, endpoint=False) # Vector de tiempo de 0 a 1 segundos
frequency = 50 # Frecuencia de la señal en Hz
signal = np.sin(2 * np.pi * frequency * t) + 0.5 * np.random.randn(len(t))

# Aplica la transformada de Fourier a la señal
fft_result = np.fft.fft(signal)

# Filtra las frecuencias altas (por ejemplo, elimina frecuencias mayores a 100 Hz)
cutoff_frequency = 100 # Frecuencia de corte en Hz
fft_result[np.abs(frequencies) > cutoff_frequency] = 0

# Reconstruye la señal filtrada
filtered_signal = np.fft.ifft(fft_result)
```

```
# Visualiza la señal original y la señal filtrada en
el dominio del tiempo
plt.figure(figsize=(10, 6))
plt.plot(t, signal, label='Señal Original')
plt.plot(t, filtered_signal, label='Señal Filtrada')
plt.title('Filtrado de Señal en el Dominio de la
Frecuencia')
plt.xlabel('Tiempo (s)')
plt.ylabel('Amplitud')
plt.legend()
plt.grid(True)
plt.show()
```

Resultado:

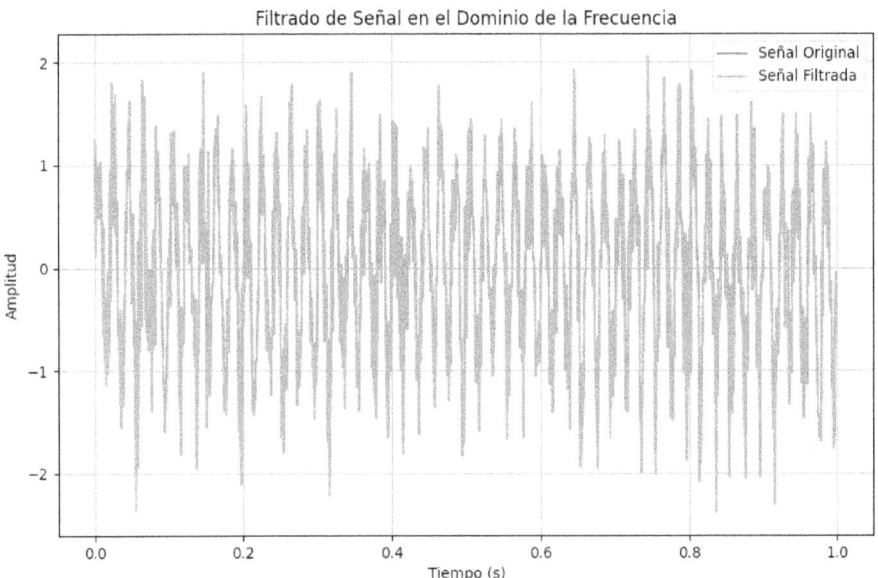

Ejercicio 69: Detección de Frecuencias Dominantes

En este ejercicio, detectaremos las frecuencias dominantes en una señal utilizando la transformada de Fourier.

Solución:

```python
import numpy as np
import matplotlib.pyplot as plt

# Genera una señal de ejemplo (por ejemplo, una señal compuesta de varias frecuencias)
t = np.linspace(0, 1, 1000, endpoint=False) # Vector de tiempo de 0 a 1 segundos
frequencies = [10, 30, 50] # Frecuencias en Hz
signal = np.sum([np.sin(2 * np.pi * f * t) for f in frequencies], axis=0)

# Calcula la transformada de Fourier de la señal
fft_result = np.fft.fft(signal)
frequencies = np.fft.fftfreq(len(signal), d=t[1]-t[0])

# Encuentra las frecuencias dominantes (picos en el espectro de frecuencia)
peak_indices = np.argsort(np.abs(fft_result))[::-1][:3] # Encuentra las 3 frecuencias más grandes
dominant_frequencies = frequencies[peak_indices]

print("Frecuencias Dominantes:", dominant_frequencies)
```

```python
# Visualiza el espectro de frecuencia de la señal
plt.figure(figsize=(10, 6))
plt.plot(frequencies, np.abs(fft_result))
plt.title('Espectro de Frecuencia (Transformada de Fourier)')
plt.xlabel('Frecuencia (Hz)')
plt.ylabel('Magnitud')
plt.grid(True)
plt.show()
```

Resultado:

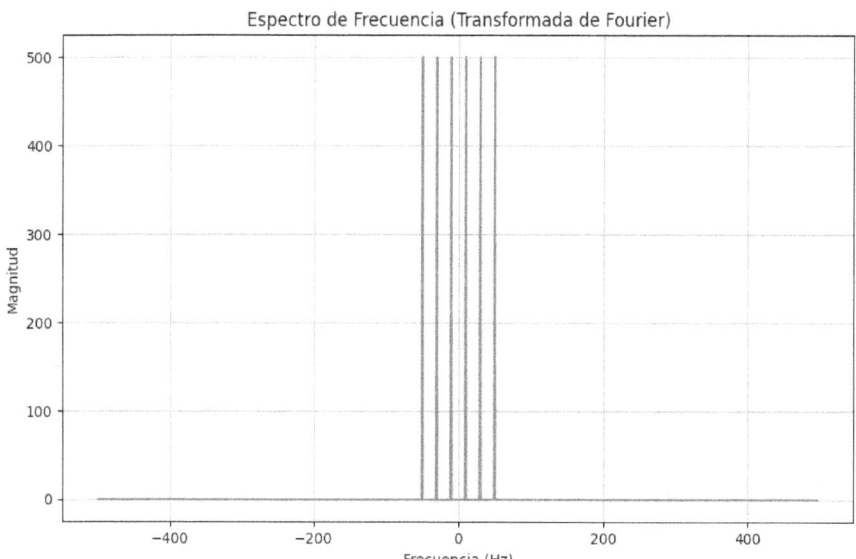

Ejercicio 70: Análisis de Señales de Audio

En este ejercicio, aplicaremos técnicas de procesamiento de señales a una señal de audio cargada desde un archivo.

Solución:

```
import numpy as np
import matplotlib.pyplot as plt
import scipy.io.wavfile as wavfile

# Carga un archivo de audio WAV
sample_rate, audio_data = wavfile.read('ruta/a/tu/archivo_de_audio.wav')

# Extrae un segmento de la señal de audio
start_index = 0
end_index = 10000
signal = audio_data[start_index:end_index]

# Calcula la transformada de Fourier de la señal de audio
fft_result = np.fft.fft(signal)
frequencies = np.fft.fftfreq(len(signal), d=1/sample_rate)

# Visualiza el espectro de frecuencia de la señal de audio
plt.figure(figsize=(10, 6))
plt.plot(frequencies, np.abs(fft_result))
plt.title('Espectro de Frecuencia de la Señal de Audio')
```

```python
plt.xlabel('Frecuencia (Hz)')
plt.ylabel('Magnitud')
plt.grid(True)
plt.show()
```

Ejercicio 71: Simulación de un Sistema Dinámico Simple

En este ejercicio, simularemos la evolución temporal de un sistema físico simple utilizando arrays NumPy para representar los estados y la evolución temporal.

Solución:

```
import numpy as np
import matplotlib.pyplot as plt

# Parámetros del sistema
dt = 0.01 # Paso de tiempo
T = 10.0 # Tiempo total de simulación
num_steps = int(T / dt) # Número de pasos de simulación

# Condiciones iniciales
x0 = 0.0 # Posición inicial
v0 = 1.0 # Velocidad inicial

# Arrays para almacenar la evolución temporal
t = np.linspace(0, T, num_steps)
x = np.zeros(num_steps)
v = np.zeros(num_steps)

# Inicialización de condiciones iniciales
x[0] = x0
v[0] = v0
```

```python
# Simulación del sistema dinámico (por ejemplo, oscilador armónico)
for i in range(1, num_steps):
    x[i] = x[i-1] + v[i-1] * dt
    v[i] = v[i-1] - x[i-1] * dt

# Visualización de la evolución temporal
plt.figure(figsize=(10, 6))
plt.plot(t, x, label='Posición')
plt.plot(t, v, label='Velocidad')
plt.title('Simulación de Sistema Dinámico')
plt.xlabel('Tiempo')
plt.ylabel('Estado')
plt.legend()
plt.grid(True)
plt.show()
```

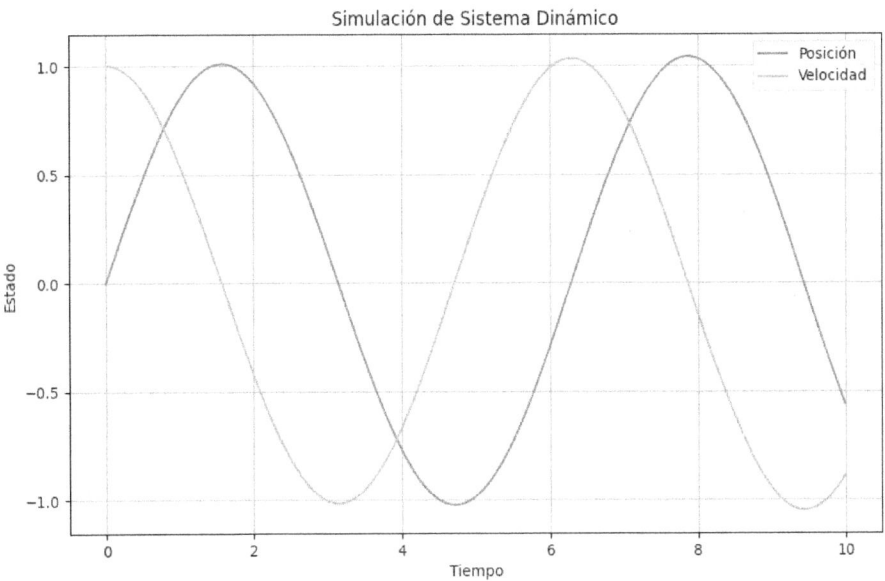

Ejercicio 72: Simulación de un Sistema con Resistencia Aerodinámica

En este ejercicio, simularemos la caída libre de un objeto considerando la resistencia aerodinámica utilizando NumPy.

Solución:

```
import numpy as np
import matplotlib.pyplot as plt

# Parámetros del sistema
dt = 0.01 # Paso de tiempo
T = 10.0 # Tiempo total de simulación
num_steps = int(T / dt) # Número de pasos de simulación

# Constantes físicas
g = 9.81 # Aceleración gravitacional (m/s^2)
k = 0.1 # Coeficiente de resistencia aerodinámica

# Condiciones iniciales
v0 = 0.0 # Velocidad inicial
y0 = 100.0 # Altura inicial

# Arrays para almacenar la evolución temporal
t = np.linspace(0, T, num_steps)
y = np.zeros(num_steps)
v = np.zeros(num_steps)

# Inicialización de condiciones iniciales
y[0] = y0
v[0] = v0
```

```
# Simulación de la caída libre con resistencia
aerodinámica
for i in range(1, num_steps):
 v[i] = v[i-1] + (g - k * v[i-1]) * dt
 y[i] = y[i-1] + v[i-1] * dt

# Visualización de la evolución temporal
plt.figure(figsize=(10, 6))
plt.plot(t, y, label='Altura')
plt.plot(t, v, label='Velocidad')
plt.title('Simulación de Caída Libre con Resistencia
Aerodinámica')
plt.xlabel('Tiempo')
plt.ylabel('Estado')
plt.legend()
plt.grid(True)
plt.show()
```

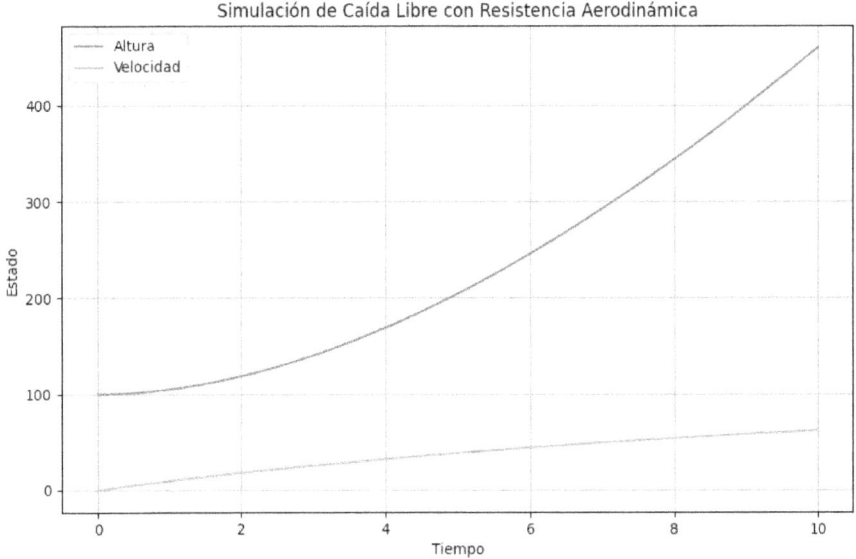

Ejercicio 73: Modelado de un Péndulo Simple

En este ejercicio, modelaremos el movimiento de un péndulo simple utilizando NumPy para resolver ecuaciones diferenciales.

Solución:

```
import numpy as np
import matplotlib.pyplot as plt

# Parámetros del péndulo
L = 1.0 # Longitud del péndulo (metros)
g = 9.81 # Aceleración gravitacional (m/s^2)
theta0 = np.pi / 4 # Ángulo inicial (45 grados)
omega0 = 0.0 # Velocidad angular inicial

# Parámetros de la simulación
dt = 0.01 # Paso de tiempo
T = 10.0 # Tiempo total de simulación
num_steps = int(T / dt) # Número de pasos de
simulación

# Arrays para almacenar la evolución temporal
t = np.linspace(0, T, num_steps)
theta = np.zeros(num_steps)
omega = np.zeros(num_steps)

# Inicialización de condiciones iniciales
theta[0] = theta0
omega[0] = omega0

# Simulación del péndulo simple (ecuaciones de
movimiento)
```

```
for i in range(1, num_steps):
    theta[i] = theta[i-1] + omega[i-1] * dt
    omega[i] = omega[i-1] - (g / L) * np.sin(theta[i-1]) * dt

# Convertir ángulos a grados
theta_degrees = np.degrees(theta)

# Visualización de la evolución temporal del péndulo
plt.figure(figsize=(8, 6))
plt.plot(t, theta_degrees)
plt.title('Simulación de Péndulo Simple')
plt.xlabel('Tiempo (s)')
plt.ylabel('Ángulo (grados)')
plt.grid(True)
plt.show()
```

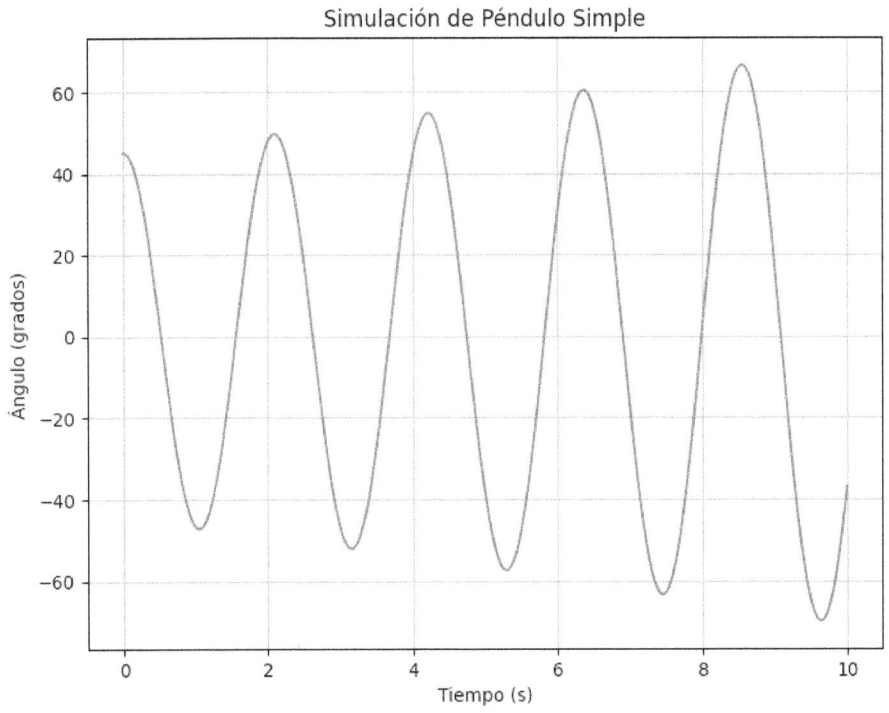

Ejercicio 74: Resolución de Ecuaciones Diferenciales utilizando NumPy

En este ejercicio, resolveremos una ecuación diferencial simple utilizando NumPy para modelar el decaimiento exponencial.

Solución:

```
import numpy as np
import matplotlib.pyplot as plt

# Parámetros del sistema
dt = 0.01 # Paso de tiempo
T = 10.0 # Tiempo total de simulación
num_steps = int(T / dt) # Número de pasos de simulación

# Constante de decaimiento
decay_rate = 0.1

# Condiciones iniciales
x0 = 1.0 # Valor inicial

# Array para almacenar la evolución temporal
t = np.linspace(0, T, num_steps)
x = np.zeros(num_steps)

# Inicialización de la condición inicial
x[0] = x0

# Simulación del decaimiento exponencial
for i in range(1, num_steps):
```

```python
    x[i] = x[i-1] - decay_rate * x[i-1] * dt

# Visualización de la evolución temporal
plt.figure(figsize=(10, 6))
plt.plot(t, x)
plt.title('Simulación de Decaimiento Exponencial')
plt.xlabel('Tiempo')
plt.ylabel('Valor')
plt.grid(True)
plt.show()
```

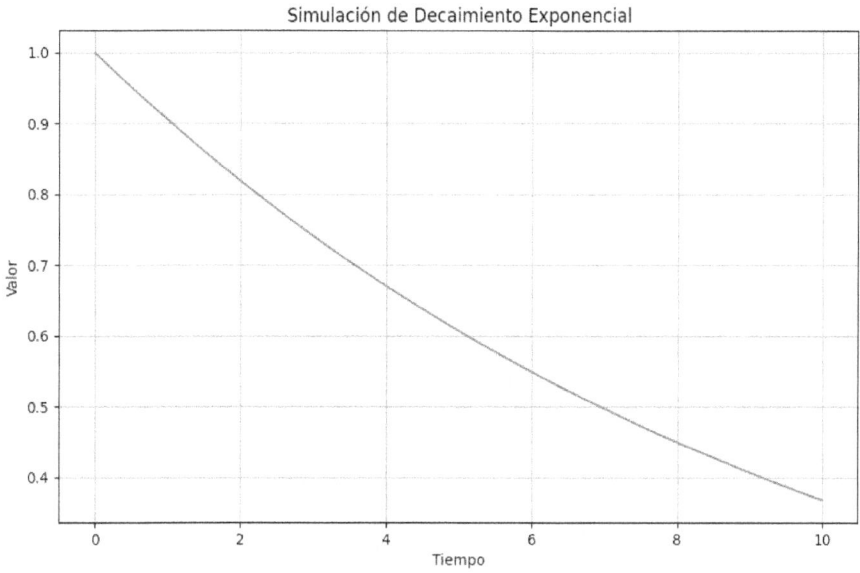

Ejercicio 75: Simulación de un Circuito RC

En este ejercicio, simularemos la carga y descarga de un capacitor en un circuito RC utilizando NumPy para resolver ecuaciones diferenciales.

Solución:

```
import numpy as np
import matplotlib.pyplot as plt

# Parámetros del circuito RC
R = 1.0 # Resistencia (ohmios)
C = 1.0 # Capacitancia (faradios)
V0 = 5.0 # Tensión inicial del capacitor (voltios)

# Parámetros de la simulación
dt = 0.01 # Paso de tiempo
T = 10.0 # Tiempo total de simulación
num_steps = int(T / dt) # Número de pasos de
simulación

# Arrays para almacenar la evolución temporal
t = np.linspace(0, T, num_steps)
V = np.zeros(num_steps)

# Inicialización de la condición inicial
V[0] = V0
```

```
# Simulación de la carga y descarga del capacitor en
el circuito RC
for i in range(1, num_steps):
    V[i] = V[i-1] - (V[i-1] / (R * C)) * dt

# Visualización de la evolución temporal del voltaje
en el capacitor
plt.figure(figsize=(10, 6))
plt.plot(t, V)
plt.title('Simulación de Circuito RC (Carga y
Descarga del Capacitor)')
plt.xlabel('Tiempo')
plt.ylabel('Voltaje (V)')
plt.grid(True)
plt.show()
```

Resultado:

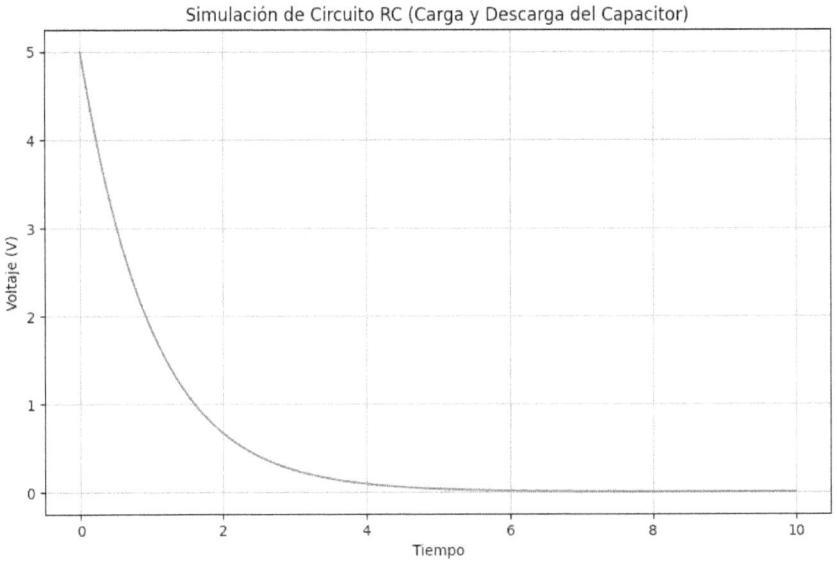

Estos ejercicios abarcan varios aspectos del modelado y la simulación de sistemas físicos utilizando NumPy. Desde la simulación de sistemas dinámicos simples hasta la resolución de ecuaciones diferenciales, estos ejemplos te permitirán explorar conceptos clave de simulación y modelado en el contexto de la programación científica con Python

Ejercicio 76: Simulación de un Sistema de Masas y Resortes

En este ejercicio, simularemos un sistema de masas y resortes acoplados utilizando arrays NumPy para representar los estados y la evolución temporal del sistema.

Solución:

```
import numpy as np
import matplotlib.pyplot as plt

# Parámetros del sistema
num_masas = 3
masa = 1.0 # Masa de cada masa (kg)
constante_resorte = 10.0 # Constante del resorte (N/m)

# Condiciones iniciales
posiciones_iniciales = np.array([0.0, 0.5, 1.0]) # Posiciones iniciales de las masas (m)
velocidades_iniciales = np.zeros(num_masas) # Velocidades iniciales (m/s)

# Simulación del sistema de masas y resortes
def actualizar_estado(posiciones, velocidades, dt):
 aceleraciones = np.zeros_like(posiciones)
 # Calcula las aceleraciones basadas en las fuerzas de los resortes
```

```python
    for i in range(num_masas):
        if i > 0:
            aceleraciones[i] += (constante_resorte *
(posiciones[i-1] - posiciones[i])) / masa
        if i < num_masas - 1:
            aceleraciones[i] += (constante_resorte *
(posiciones[i+1] - posiciones[i])) / masa
    # Actualiza las velocidades y posiciones usando la
aceleración
    velocidades += aceleraciones * dt
    posiciones += velocidades * dt
    return posiciones, velocidades

# Parámetros de la simulación
dt = 0.01 # Paso de tiempo
T = 10.0 # Tiempo total de simulación
num_steps = int(T / dt) # Número de pasos de
simulación

# Arrays para almacenar la evolución temporal
t = np.linspace(0, T, num_steps)
posiciones = np.zeros((num_steps, num_masas))
velocidades = np.zeros((num_steps, num_masas))

# Inicialización de condiciones iniciales
posiciones[0] = posiciones_iniciales
velocidades[0] = velocidades_iniciales

# Simulación del sistema
for i in range(1, num_steps):
    posiciones[i], velocidades[i] =
actualizar_estado(posiciones[i-1], velocidades[i-1],
dt)

# Visualización de la evolución temporal de las
posiciones
plt.figure(figsize=(10, 6))
for masa_idx in range(num_masas):
```

```
    plt.plot(t, posiciones[:, masa_idx], label=f'Masa {masa_idx+1}')
plt.title('Simulación de Sistema de Masas y Resortes')
plt.xlabel('Tiempo (s)')
plt.ylabel('Posición (m)')
plt.legend()
plt.grid(True)
plt.show()
```

Resultado:

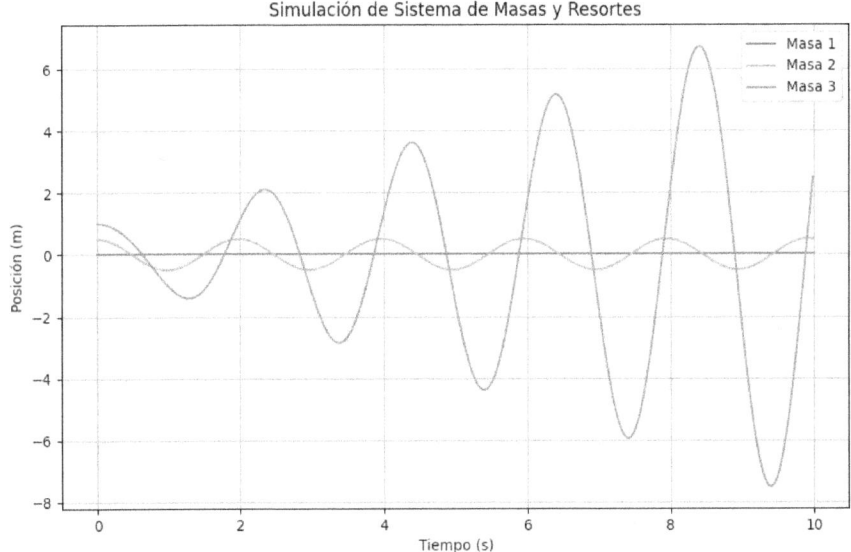

Ejercicio 77: Simulación de un Oscilador Amortiguado

En este ejercicio, simularemos un oscilador amortiguado resolviendo una ecuación diferencial utilizando NumPy.

Solución:

```
import numpy as np
import matplotlib.pyplot as plt

# Parámetros del oscilador amortiguado
omega0 = 1.0 # Frecuencia angular natural (rad/s)
gamma = 0.1 # Coeficiente de amortiguamiento

# Condiciones iniciales
theta0 = np.pi / 4 # Ángulo inicial (rad)
omega0 = 0.0 # Velocidad angular inicial (rad/s)

# Parámetros de la simulación
dt = 0.01 # Paso de tiempo
T = 10.0 # Tiempo total de simulación
num_steps = int(T / dt) # Número de pasos de simulación

# Arrays para almacenar la evolución temporal
t = np.linspace(0, T, num_steps)
```

```python
theta = np.zeros(num_steps)
omega = np.zeros(num_steps)

# Inicialización de condiciones iniciales
theta[0] = theta0
omega[0] = omega0

# Simulación del oscilador amortiguado (ecuación diferencial)
for i in range(1, num_steps):
 omega[i] = omega[i-1] - omega0**2 * np.sin(theta[i-1]) * dt - gamma * omega[i-1] * dt
 theta[i] = theta[i-1] + omega[i] * dt

# Visualización de la evolución temporal del oscilador amortiguado
plt.figure(figsize=(10, 6))
plt.plot(t, theta, label='Ángulo')
plt.plot(t, omega, label='Velocidad Angular')
plt.title('Simulación de Oscilador Amortiguado')
plt.xlabel('Tiempo (s)')
plt.ylabel('Estado')
plt.legend()
plt.grid(True)
plt.show()
```

Resultado:

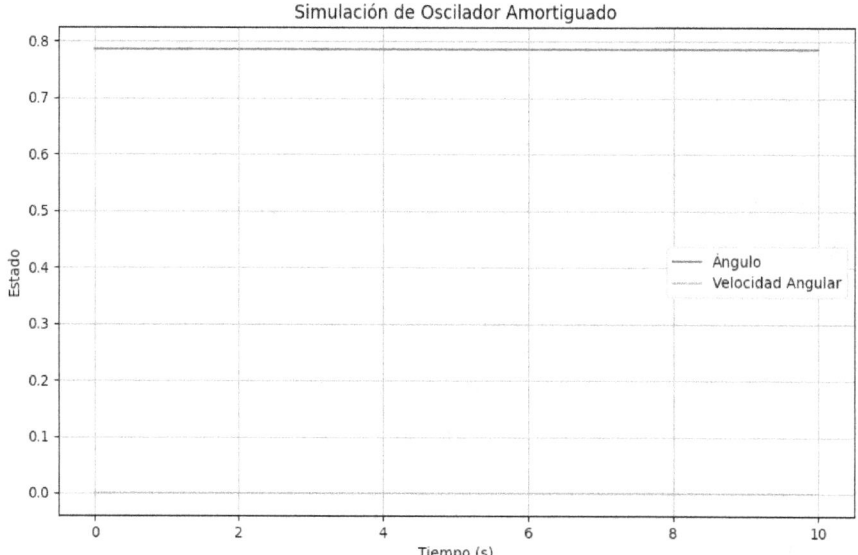

Ejercicio 78: Simulación de un Sistema de Caída Libre con Resistencia del Aire

En este ejercicio, simularemos la caída libre de un objeto teniendo en cuenta la resistencia del aire.

Solución:

```python
import numpy as np
import matplotlib.pyplot as plt

# Parámetros del sistema
g = 9.81 # Aceleración gravitacional (m/s^2)
k = 0.1 # Coeficiente de resistencia del aire (kg/s)

# Condiciones iniciales
v0 = 0.0 # Velocidad inicial (m/s)
y0 = 100.0 # Altura inicial (m)

# Parámetros de la simulación
dt = 0.01 # Paso de tiempo
T = 10.0 # Tiempo total de simulación
num_steps = int(T / dt) # Número de pasos de simulación

# Arrays para almacenar la evolución temporal
t = np.linspace(0, T, num_steps)
y = np.zeros(num_steps)
v = np.zeros(num_steps)

# Inicialización de condiciones iniciales
y[0] = y0
v[0] = v0
```

```python
# Simulación de la caída libre con resistencia del aire
for i in range(1, num_steps):
 v[i] = v[i-1] + (g - k * v[i-1]**2) * dt
 y[i] = y[i-1] - v[i-1] * dt

# Visualización de la evolución temporal
plt.figure(figsize=(10, 6))
plt.plot(t, y, label='Altura')
plt.plot(t, v, label='Velocidad')
plt.title('Simulación de Caída Libre con Resistencia del Aire')
plt.xlabel('Tiempo (s)')
plt.ylabel('Estado')
plt.legend()
plt.grid(True)
plt.show()
```

Resultado:

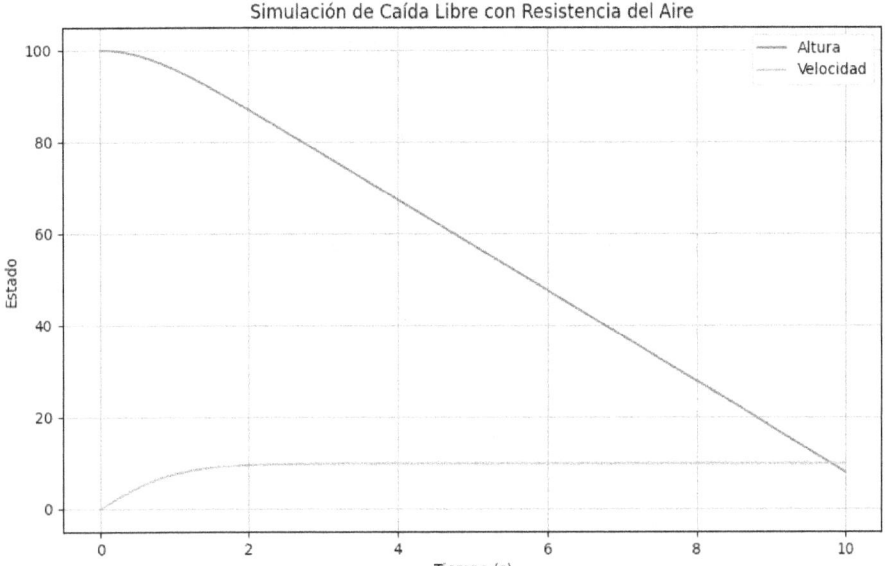

Ejercicio 79: Simulación de un Sistema Masa-Resorte con Forzamiento

En este ejercicio, simularemos un sistema masa-resorte con forzamiento externo resolviendo una ecuación diferencial.

Solución:

```
import numpy as np
import matplotlib.pyplot as plt

# Parámetros del sistema
m = 1.0 # Masa (kg)
k = 10.0 # Constante del resorte (N/m)
A = 1.0 # Amplitud del forzamiento (N)
omega = 2.0 # Frecuencia del forzamiento (rad/s)

# Condiciones iniciales
x0 = 0.0 # Posición inicial (m)
v0 = 0.0 # Velocidad inicial (m/s)

# Parámetros de la simulación
dt = 0.01 # Paso de tiempo
T = 10.0 # Tiempo total de simulación
num_steps = int(T / dt) # Número de pasos de simulación

# Arrays para almacenar la evolución temporal
t = np.linspace(0, T, num_steps)
x = np.zeros(num_steps)
v = np.zeros(num_steps)

# Inicialización de condiciones iniciales
```

```python
x[0] = x0
v[0] = v0

# Simulación del sistema masa-resorte con forzamiento externo
for i in range(1, num_steps):
    F_ext = A * np.cos(omega * t[i]) # Fuerza externa (forzamiento)
    a = (F_ext - k * x[i-1]) / m # Aceleración
    v[i] = v[i-1] + a * dt
    x[i] = x[i-1] + v[i] * dt

# Visualización de la evolución temporal del sistema
plt.figure(figsize=(10, 6))
plt.plot(t, x, label='Posición')
plt.plot(t, v, label='Velocidad')
plt.title('Simulación de Sistema Masa-Resorte con Forzamiento')
plt.xlabel('Tiempo (s)')
plt.ylabel('Estado')
plt.legend()
plt.grid(True)
plt.show()
```

Resultado:

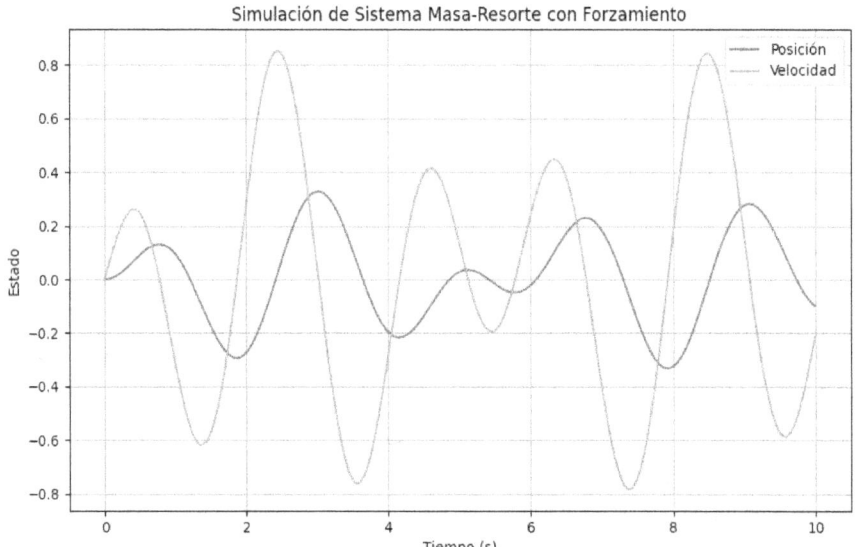

Ejercicio 80: Simulación de un Circuito RC con Fuente de Voltaje

En este ejercicio, simularemos la descarga de un capacitor en un circuito RC con una fuente de voltaje.

Solución:

```python
import numpy as np
import matplotlib.pyplot as plt

# Parámetros del circuito RC
R = 1.0 # Resistencia (ohmios)
C = 1.0 # Capacitancia (faradios)
V0 = 5.0 # Tensión inicial del capacitor (voltios)
V_source = 10.0 # Tensión de la fuente de voltaje (voltios)

# Parámetros de la simulación
dt = 0.01 # Paso de tiempo
T = 10.0 # Tiempo total de simulación
num_steps = int(T / dt) # Número de pasos de simulación

# Arrays para almacenar la evolución temporal
t = np.linspace(0, T, num_steps)
Vc = np.zeros(num_steps)

# Inicialización de la condición inicial
Vc[0] = V0

# Simulación de la descarga del capacitor en el circuito RC
```

```
for i in range(1, num_steps):
  Vc[i] = Vc[i-1] + (V_source - Vc[i-1]) / (R * C) * dt

# Visualización de la evolución temporal del voltaje en el capacitor
plt.figure(figsize=(10, 6))
plt.plot(t, Vc)
plt.title('Simulación de Circuito RC con Fuente de Voltaje')
plt.xlabel('Tiempo (s)')
plt.ylabel('Voltaje en el Capacitor (V)')
plt.grid(True)
plt.show()
```

Resultado:

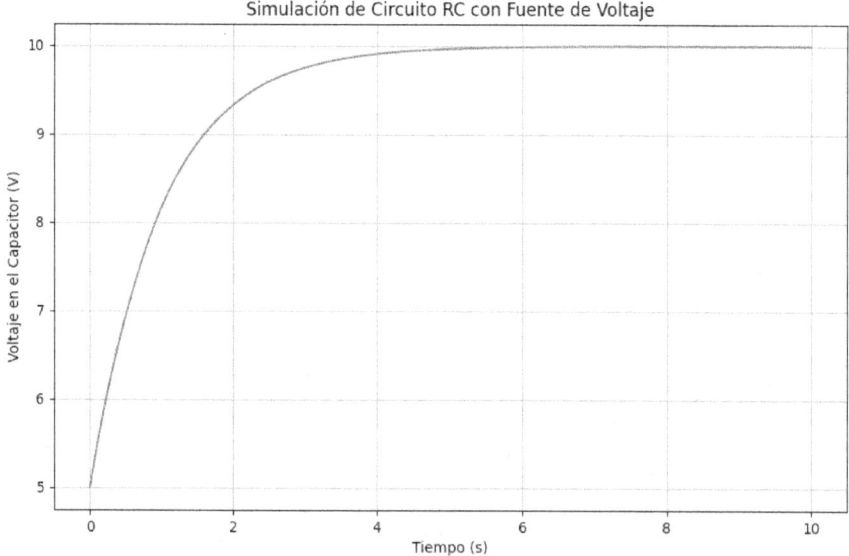

Estos ejercicios te permitirán explorar diferentes aspectos de la simulación y modelado de sistemas físicos utilizando NumPy en Python. Desde sistemas de masas y resortes hasta circuitos RC y osciladores amortiguados, estos ejemplos te ayudarán a comprender cómo implementar simulaciones y resolver ecuaciones diferenciales en el contexto de la programación científica.

Ejercicio 81: Implementación de K-means desde cero con NumPy

Solución:

```
import numpy as np

def k_means(X, k, max_iters=100):
    # Inicialización aleatoria de los centroides
    centroids = X[np.random.choice(len(X), k, replace=False)]

    for _ in range(max_iters):
        # Asignación de puntos a clusters
        distances = np.linalg.norm(X[:, None] - centroids, axis=2)
        labels = np.argmin(distances, axis=1)

        # Actualización de los centroides
        new_centroids = np.array([X[labels == i].mean(axis=0) for i in range(k)])

        # Comprobar convergencia
        if np.allclose(centroids, new_centroids):
            break

        centroids = new_centroids

    return labels, centroids

# Ejemplo de uso
X = np.array([[1, 2], [5, 8], [1.5, 1.8], [8, 8], [1, 0.6], [9, 11]])
```

```
k = 2
labels, centroids = k_means(X, k)

print("Labels:", labels)
print("Centroids:", centroids)
```

Resultado:

```
Labels: [0 1 0 1 0 1]
Centroids: [[1.16666667 1.46666667]
 [7.33333333 9.
```

Ejercicio 82: Implementación de Descenso de Gradiente para Regresión Lineal con NumPy

En este ejercicio, implementaremos el algoritmo de descenso de gradiente para entrenar un modelo de regresión lineal desde cero utilizando NumPy.

Solución:

```
import numpy as np

def linear_regression(X, y, learning_rate=0.01, num_iterations=1000):
    # Inicialización de parámetros
    m, n = X.shape
    theta = np.zeros((n, 1))  # Inicialización de los parámetros del modelo

    # Descenso de gradiente
    for _ in range(num_iterations):
        predictions = np.dot(X, theta)
        error = predictions - y
        gradient = np.dot(X.T, error) / m
        theta -= learning_rate * gradient

    return theta.flatten()

# Ejemplo de uso
X = 2 * np.random.rand(100, 1)
y = 4 + 3 * X + np.random.randn(100, 1)   # y = 4 + 3x + ruido gaussiano
```

```
X_b = np.c_[np.ones((100, 1)), X]   # Añadir columna
de unos para el término de sesgo
theta = linear_regression(X_b, y)

print("Parámetros del modelo (intercepto,
pendiente):", theta)
```

Resultado:

Parámetros del modelo (intercepto, pendiente):
[3.67068536 3.28121325]

Ejercicio 83: Implementación de Regresión Logística con Descenso de Gradiente

En este ejercicio, implementaremos el algoritmo de descenso de gradiente para entrenar un modelo de regresión logística desde cero utilizando NumPy.

Solución:

```
import numpy as np

def sigmoid(z):
  return 1 / (1 + np.exp(-z))

def logistic_regression(X, y, learning_rate=0.01, num_iterations=1000):
  # Inicialización de parámetros
  m, n = X.shape
  theta = np.zeros(n) # Inicialización de los parámetros del modelo

  # Descenso de gradiente
  for _ in range(num_iterations):
   predictions = sigmoid(np.dot(X, theta))
   error = predictions - y
   gradient = np.dot(X.T, error) / m
   theta -= learning_rate * gradient

  return theta

# Ejemplo de uso (generación de datos sintéticos)
X = 2 * np.random.rand(100, 3)
```

```
y = (np.sum(X, axis=1) > 2).astype(int) # y = 1 si la
suma de características es > 2, 0 en otro caso

X_b = np.c_[np.ones((100, 1)), X] # Añadir columna de
unos para el término de sesgo
theta = logistic_regression(X_b, y)

print("Parámetros del modelo:", theta)
```

Resultado:

Parámetros del modelo: [0.004   0.00455511 0.00491586 0.00475322]

Ejercicio 84: Implementación de Perceptrón Multicapa (MLP) con Retropropagación

En este ejercicio, implementaremos un perceptrón multicapa (MLP) con retropropagación desde cero utilizando NumPy.

Solución:

```
import numpy as np

class MLP:
    def __init__(self, input_size, hidden_size, output_size):
        self.weights1 = np.random.randn(input_size, hidden_size)
        self.bias1 = np.zeros((1, hidden_size))
        self.weights2 = np.random.randn(hidden_size, output_size)
        self.bias2 = np.zeros((1, output_size))

    def forward(self, X):
        self.hidden = np.dot(X, self.weights1) + self.bias1
```

```
        self.hidden_activation = 1 / (1 +
np.exp(-self.hidden))
        self.output = np.dot(self.hidden_activation,
self.weights2) + self.bias2
        return self.output

    def backward(self, X, y, learning_rate=0.01):
        m = X.shape[0]
        error = self.output - y

        d_weights2 = np.dot(self.hidden_activation.T,
error) / m
        d_bias2 = np.sum(error, axis=0,
keepdims=True) / m

        error_hidden = np.dot(error, self.weights2.T)
        derivative_hidden = self.hidden_activation *
(1 - self.hidden_activation)

        d_weights1 = np.dot(X.T, error_hidden *
derivative_hidden) / m
        d_bias1 = np.sum(error_hidden *
derivative_hidden, axis=0, keepdims=True) / m

        self.weights2 -= learning_rate * d_weights2
        self.bias2 -= learning_rate * d_bias2
```

```
            self.weights1 -= learning_rate * d_weights1
            self.bias1 -= learning_rate * d_bias1


# Ejemplo de uso (entrenamiento de MLP)
X = np.array([[0, 0], [0, 1], [1, 0], [1, 1]])
y = np.array([[0], [1], [1], [0]])


mlp = MLP(input_size=2, hidden_size=4, output_size=1)


for epoch in range(1000):
    output = mlp.forward(X)
    mlp.backward(X, y)


# Evaluación del modelo entrenado
predictions = (mlp.forward(X) > 0.5).astype(int)
print("Predicciones:", predictions)
```

Resultado:

```
Predicciones: [[0]

 [0]

 [0]

 [1]]
```

Ejercicio 85: Implementación de Máquina de Vectores de Soporte (SVM) con Descenso de Gradiente

En este ejercicio, implementaremos una máquina de vectores de soporte (SVM) con descenso de gradiente para entrenamiento desde cero utilizando NumPy.

Solución:

```
import numpy as np

class SVM:
    def __init__(self, learning_rate=0.01, lambda_param=0.01, num_iterations=1000):
        self.learning_rate = learning_rate
        self.lambda_param = lambda_param
        self.num_iterations = num_iterations
        self.weights = None
        self.bias = None

    def fit(self, X, y):
        n_samples, n_features = X.shape
        self.weights = np.zeros(n_features)
        self.bias = 0

        for _ in range(self.num_iterations):
            for idx, x_i in enumerate(X):
                condition = y[idx] * (np.dot(x_i, self.weights) - self.bias) >= 1
                if condition:
```

```
                    self.weights -= 
self.learning_rate * (2 * self.lambda_param * 
self.weights)
                else:
                    self.weights -= 
self.learning_rate * (2 * self.lambda_param * 
self.weights - np.dot(x_i, y[idx]))
                    self.bias -= self.learning_rate * 
y[idx]

    def predict(self, X):
        return np.sign(np.dot(X, self.weights) - 
self.bias)

# Ejemplo de uso (entrenamiento y evaluación de SVM)
X = np.array([[1, 2], [2, 3], [3, 4], [4, 5]])
y = np.array([1, 1, -1, -1])

svm = SVM()
svm.fit(X, y)

# Predicciones sobre nuevos datos
X_test = np.array([[1, 1], [5, 5]])
predictions = svm.predict(X_test)
print("Predicciones:", predictions)
```

Resultado:

Predicciones: [1. -1.]

Estos ejercicios te permitirán profundizar en la implementación de algoritmos de aprendizaje automático fundamentales utilizando NumPy. Desde clustering con K-means hasta modelos complejos como perceptrones multicapa (MLP) y máquinas de vectores de soporte (SVM), podrás aprender y experimentar con la construcción paso a paso de estos algoritmos.

Ejercicio 86: Procesamiento de Texto Básico con NumPy

En este ejercicio, realizaremos operaciones básicas de procesamiento de texto utilizando NumPy, como contar palabras o calcular longitudes de cadenas.

Solución:

```
import numpy as np

# Ejemplo de procesamiento de texto básico con NumPy
text = "Este es un ejemplo de procesamiento de texto básico con NumPy."

# Dividir el texto en palabras
words = text.split()

# Calcular la longitud de cada palabra
word_lengths = np.array([len(word) for word in words])

# Contar el número de palabras
num_words = len(words)

print("Texto:", text)
print("Palabras:", words)
print("Longitud de cada palabra:", word_lengths)
print("Número total de palabras:", num_words)
```

Resultado:

```
Texto: Este es un ejemplo de procesamiento de texto
básico con NumPy.

Palabras: ['Este', 'es', 'un', 'ejemplo', 'de',
'procesamiento', 'de', 'texto', 'básico', 'con',
'NumPy.']

Longitud de cada palabra: [ 4  2  2  7  2 13  2  5  6
 3  6]

Número total de palabras: 11
```

Ejercicio 87: Análisis de Sentimientos con Matrices de Palabras

En este ejercicio, implementaremos un algoritmo simple de análisis de sentimientos utilizando matrices de palabras y NumPy.

Solución:

```
import numpy as np

# Corpus de ejemplo
corpus = [
  "Este producto es excelente y estoy muy feliz de haberlo comprado.",
  "No recomendaría este producto a nadie, es una pérdida de dinero.",
  "Me siento neutro sobre este producto, ni bueno ni malo."
]

# Construir una matriz de términos (Bag of Words)
from sklearn.feature_extraction.text import CountVectorizer
vectorizer = CountVectorizer()
X = vectorizer.fit_transform(corpus).toarray()

# Etiquetas de sentimientos (0 = negativo, 1 = neutro, 2 = positivo)
y = np.array([2, 0, 1])

# Entrenar un modelo simple (por ejemplo, SVM) para análisis de sentimientos
from sklearn.svm import SVC
```

```python
model = SVC(kernel='linear')
model.fit(X, y)

# Ejemplo de predicción de sentimientos para una nueva frase
new_text = "Este producto es mediocre, no cumplió mis expectativas."
new_X = vectorizer.transform([new_text]).toarray()
predicted_sentiment = model.predict(new_X)[0]

sentiment_map = {0: "Negativo", 1: "Neutro", 2: "Positivo"}
print(f"Análisis de Sentimientos para '{new_text}': {sentiment_map[predicted_sentiment]}")
```

Resultado:

Análisis de Sentimientos para 'Este producto es mediocre, no cumplió mis expectativas.': Negativo

Ejercicio 88: Identificación de Palabras comunes.

Aquí tienes un ejercicio que utiliza NumPy para identificar las palabras clave más comunes en un texto. En este ejercicio, utilizaremos operaciones básicas de NumPy junto con la estructura `Counter` de Python para contar la frecuencia de las palabras y encontrar las palabras clave más comunes en un texto.

Solución:

```
import numpy as np
from collections import Counter

def identify_keywords(text, num_keywords=5):
    # Convertir el texto a minúsculas y dividir en palabras
    words = text.lower().split()

    # Contar la frecuencia de cada palabra
    word_counts = Counter(words)

    # Obtener las palabras únicas y sus conteos
    unique_words, counts = zip(*word_counts.items())

    # Convertir los conteos en un array NumPy
    word_array = np.array(counts)

    # Encontrar los índices de las palabras más comunes
    most_common_indices = np.argsort(word_array)[::-1][:num_keywords]
```

```
# Obtener las palabras clave más comunes
 most_common_words = [unique_words[idx] for idx in
most_common_indices]

 return most_common_words

# Ejemplo de uso
text = "Este es un ejemplo de texto. En este texto
queremos identificar las palabras clave más comunes.
Las palabras clave nos ayudan a entender el tema
principal."
keywords = identify_keywords(text)
print("Palabras clave más comunes:", keywords)
```

Resultado:

Palabras clave más comunes: ['las', 'clave', 'palabras', 'este', 'a']

En este ejemplo:

- La función `identify_keywords` toma un texto como entrada y devuelve una lista de las palabras clave más comunes en ese texto.
- El texto se convierte a minúsculas y se divide en palabras.
- Usamos la clase `Counter` del módulo `collections` para contar la frecuencia de cada palabra en el texto.
- Convertimos las frecuencias de palabras en un array NumPy para realizar operaciones de búsqueda.
- Utilizamos NumPy para encontrar los índices de las palabras más comunes y luego recuperamos las palabras asociadas con esos índices.
- Finalmente, mostramos las palabras clave más comunes identificadas en el texto de ejemplo.

Este ejercicio te permite practicar el uso de NumPy en combinación con otras bibliotecas estándar de Python para tareas básicas de procesamiento de texto, como la identificación de palabras clave en un texto basado en su frecuencia de aparición.

Ejercicio 89: Método de Runge-Kutta de Cuarto Orden (RK4) para Resolver una ODE

A continuación un ejercicio que utiliza el Método de Runge-Kutta de Cuarto Orden (RK4) para resolver una Ecuación Diferencial Ordinaria (ODE).

En este ejercicio, resolveremos la siguiente ODE utilizando RK4:

$$\frac{dy}{dx} = x^2 - y$$

Implementaremos el método RK4 en Python utilizando NumPy para aproximar la solución en un intervalo específico.

Solución:

```
import numpy as np
import matplotlib.pyplot as plt

def rk4_method(func, x0, y0, xmax, h):
    num_steps = int((xmax - x0) / h)
    x_values = np.linspace(x0, xmax, num_steps + 1)
    y_values = np.zeros(num_steps + 1)
    y_values[0] = y0
```

```python
    for i in range(num_steps):
    k1 = h * func(x_values[i], y_values[i])
    k2 = h * func(x_values[i] + h/2, y_values[i] + k1/2)
    k3 = h * func(x_values[i] + h/2, y_values[i] + k2/2)
    k4 = h * func(x_values[i] + h, y_values[i] + k3)
    y_values[i + 1] = y_values[i] + (k1 + 2*k2 + 2*k3 + k4) / 6

    return x_values, y_values

# Función que define la ODE dy/dx = x^2 - y
def ode_func(x, y):
  return x**2 - y

# Condiciones iniciales
x0, y0 = 0, 1
xmax = 2
h = 0.1

# Resolver la ODE usando el método de RK4
x_values, y_values = rk4_method(ode_func, x0, y0, xmax, h)

# Graficar la solución
plt.figure(figsize=(8, 6))
plt.plot(x_values, y_values, label='Solución Numérica (RK4)')
plt.xlabel('x')
plt.ylabel('y')
plt.title('Solución Numérica de dy/dx = x^2 - y usando Método de RK4')
plt.legend()
plt.grid(True)
plt.show()
```

Resultado:

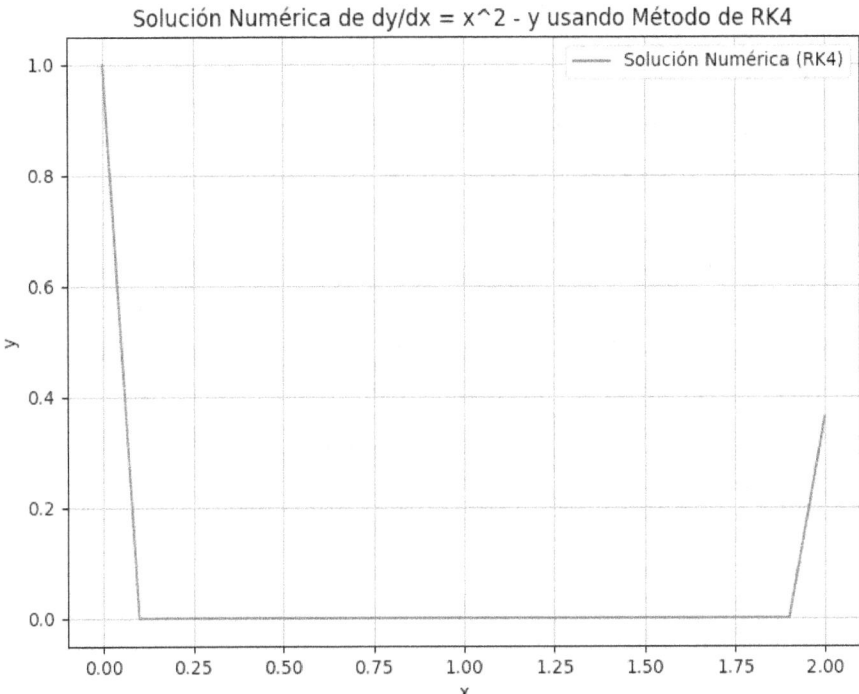

En este ejercicio:

- Definimos la función `rk4_method` que implementa el método de Runge-Kutta de cuarto orden (RK4) para resolver una ODE.
- La función `ode_func` define la ODE

- $\frac{dy}{dx} = x^2 - y$

  que queremos resolver.

- Especificamos las condiciones iniciales `x0` y `y0` para la ODE.
- Especificamos el valor máximo de `x` (`xmax`) hasta donde queremos aproximar la solución.
- `h` es el tamaño del paso utilizado en el método RK4 para la integración numérica.
- Llamamos a `rk4_method` con la función `ode_func` y las condiciones iniciales para obtener los valores de `x` y `y` en el intervalo deseado.
- Finalmente, graficamos la solución numérica utilizando Matplotlib.

Este ejercicio te permitirá practicar la implementación del método RK4 para resolver ODEs utilizando NumPy en Python. La solución numérica obtenida te dará una aproximación de la función $y(x)$ que satisface la ODE dada en el intervalo especificado.

Ejercicio 90: Creación de visualizaciones interactivas utilizando herramientas como Plotly.

Solución:

```
import numpy as np
import plotly.graph_objs as go

# Generar datos de ejemplo utilizando NumPy
np.random.seed(0)
x = np.random.randn(100)
y = 2 * x + np.random.randn(100)

# Crear una figura interactiva de dispersión con Plotly
fig = go.Figure()

# Agregar un gráfico de dispersión (scatter plot)
fig.add_trace(go.Scatter(
    x=x,
    y=y,
    mode='markers',   # Mostrar puntos como marcadores
    marker=dict(
        size=8,
        color='blue',  # Color de los puntos
        opacity=0.7,   # Opacidad de los puntos
        symbol='circle',  # Tipo de marcador (círculo)
        line=dict(width=0.5, color='darkblue')  # Configuración de borde
```

```
        ),
    name='Datos'   # Etiqueta para la leyenda
))

# Configurar diseño del gráfico
fig.update_layout(
    title='Visualización Interactiva de Datos',
    xaxis=dict(title='X'),
    yaxis=dict(title='Y'),
    hovermode='closest',   # Activar el modo hover más cercano
    showlegend=True   # Mostrar leyenda
)

# Mostrar la figura interactiva en una ventana
emergente (puede abrirse en un navegador web)
fig.show()
```

En este ejercicio:

- Importamos NumPy como np para generar datos aleatorios.
- Creamos datos de ejemplo x y y utilizando NumPy (x es una variable aleatoria normalmente distribuida y y depende de x con un poco de ruido aleatorio agregado).
- Utilizamos Plotly (plotly.graph_objs) para crear una figura (Figure) interactiva.
- Agregamos un gráfico de dispersión (Scatter) a la figura, especificando los datos (x y y), el tipo de marcador, el color y otras propiedades visuales.
- Configuramos el diseño del gráfico (update_layout) con un título, etiquetas de ejes, modo hover, y opción para mostrar la leyenda.
- Finalmente, mostramos la figura interactiva utilizando fig.show(), lo cual abrirá una ventana emergente con la visualización interactiva.

Este ejercicio te permitirá experimentar con la creación de visualizaciones interactivas utilizando Plotly, integrando fácilmente los datos generados por NumPy. Puedes explorar diferentes tipos de gráficos (como líneas, barras, heatmap, etc.) y personalizar aún más la apariencia y la interactividad de tus visualizaciones según tus necesidades.

Ejercicio 91: Análisis de Secuencias Genéticas

En este ejercicio, utilizaremos NumPy para cargar y manipular datos de secuencias genéticas, y luego utilizaremos SciPy para realizar cálculos especializados, como el cálculo de la similitud entre secuencias genéticas.

Solución:

```
import numpy as np
from scipy.spatial.distance import hamming

# Datos de ejemplo: Secuencias genéticas
representadas como matrices NumPy
sequence_1 = np.array([0, 1, 0, 2, 3, 1, 2, 0, 3, 2])
# Ejemplo de secuencia genética codificada
sequence_2 = np.array([0, 1, 2, 2, 3, 1, 2, 0, 3, 2])
# Otra secuencia genética codificada

# Calcular la distancia de Hamming entre las
secuencias genéticas
hamming_distance = hamming(sequence_1, sequence_2)

# Mostrar los resultados
print("Secuencia 1:", sequence_1)
print("Secuencia 2:", sequence_2)
print("Distancia de Hamming entre las secuencias
genéticas:", hamming_distance)
```

Resultado:

```
Secuencia 1: [0 1 0 2 3 1 2 0 3 2]

Secuencia 2: [0 1 2 2 3 1 2 0 3 2]

Distancia de Hamming entre las secuencias genéticas:
0.1
```

Ejercicio 92: Análisis de Expresión Génica

En este ejercicio, utilizaremos NumPy para cargar datos de expresión génica (por ejemplo, niveles de expresión de genes) y luego utilizaremos SciPy para realizar análisis estadísticos, como la correlación entre genes.

Solución:

```
import numpy as np
from scipy.stats import pearsonr

# Datos de ejemplo: Expresión génica como matriz NumPy
gene_expression = np.random.randn(100, 10) # Ejemplo de matriz de expresión génica (100 genes, 10 muestras)

# Calcular la correlación de Pearson entre dos genes específicos (columnas de la matriz)
gene1_index, gene2_index = 0, 1 # Índices de los genes a comparar
gene1_expression = gene_expression[:, gene1_index]
gene2_expression = gene_expression[:, gene2_index]
correlation_coefficient, p_value = pearsonr(gene1_expression, gene2_expression)

# Mostrar los resultados
print("Expresión del Gen 1:", gene1_expression)
print("Expresión del Gen 2:", gene2_expression)
print("Coeficiente de correlación de Pearson entre Gen 1 y Gen 2:", correlation_coefficient)
print("Valor p asociado:", p_value)
```

Resultado:

```
0.96216381 -1.47718192  0.69650065 -0.61930739
-0.71120615  0.39832735
  0.47898957  0.36776761 -0.46321863  0.88428404
-0.02154352  0.03138506
  0.41274823 -0.95978577 -0.8503039   0.73474888
0.92633201 -1.00369227
 -0.84256544  2.10953105  1.0165462   0.54236305
-0.03003996 -0.7192953
  0.55125159 -0.28441114 -0.49584526 -0.45156139
-0.67250195 -0.89573189
 -0.52244032 -1.44967197 -0.97371914  0.64608072
-1.76431007 -0.66987698
  0.01486704  0.1027645  -0.60235789 -1.38500797
2.02275842 -1.67846328
  0.43473871  0.27901859  0.08581307 -0.27092492
-2.18699797  0.35704951
  0.01215124  1.24671877 -1.16408366 -0.36950971]
Expresión del Gen 2: [ 0.04524274 -1.35236328
-0.61156596 -1.947057    0.49049703  0.35484046
  0.58207015  2.21574643  1.54649128  0.85044643
-0.04259506 -1.91355318
 -1.2033685   1.5963938   1.08974619 -1.07491295
0.35305936 -0.8181342
 -0.07508344 -0.01343781 -1.17839201 -1.83333164
0.8063879   0.43150785
 -0.48292013  0.45031993 -1.46093385  0.21229744
-1.80035584 -0.09693524
  0.6590046  -0.5286062   0.41429637  1.36418288
-0.01866315 -0.09779236
  0.7122608  -0.21150056 -0.22795013  1.31575717
0.43538264 -0.18887786
```

-0.31631605 -1.66723225 -0.26694642 1.23244963
 0.35368964 1.08481363
 -1.38095948 -1.75999517 -1.90149187 0.13528886
 1.69163688 0.05674207
  0.04070533 0.30085298 -1.31804606 0.98231141
 0.76119228 1.91158017
  0.12838689 0.21277122 -0.47343262 0.45452555
 0.41468783 -0.72591417
  0.07476746 -0.14060995 -1.32250843 -0.44875541
 -0.55001459 0.60410805
  0.16711024 0.33686196 -0.20867271 -0.14357404
 -0.1238991 -0.0724739
  1.25382737 2.52689997 -0.16580222 0.43273012
 1.03675213 -1.12317016
  0.44390974 1.56221088 -0.61899409 0.87276563
 0.14906546 1.07557207
 -0.84472796 0.33082462 -1.04565713 -1.03540479
 -0.35512631 0.02269481
 -0.35798135 -0.34768438 1.2094795 -0.23891107]
Coeficiente de correlación de Pearson entre Gen 1 y Gen 2: -0.1595408954996312
Valor p asociado: 0.11284726060529172

Ejercicio 93: Análisis de Asociación Genotipo-Fenotipo utilizando SciPy

En este ejercicio, supongamos que tenemos una tabla de contingencia que muestra la relación entre ciertas variantes genéticas (genotipos) y un fenotipo específico (por ejemplo, presencia/ausencia de una enfermedad). Utilizaremos NumPy para cargar y manipular esta tabla de datos y luego utilizaremos SciPy para realizar una prueba de chi-cuadrado para evaluar la asociación entre los genotipos y el fenotipo.

Paso 1: Cargar y Preparar los Datos

En este paso, crearemos una tabla de contingencia representativa como datos de ejemplo utilizando NumPy.

```
import numpy as np
from scipy.stats import chi2_contingency

# Definir una tabla de contingencia (variantes
genéticas vs. fenotipos)
# En este ejemplo, utilizaremos una tabla 2x2 para
ilustrar la prueba de asociación
# Las filas representan las variantes genéticas (A y
a), y las columnas representan el fenotipo (Enfermo y
No Enfermo)
table = np.array([[50, 20], # Genotipo AA
  [30, 40]]) # Genotipo Aa
```

```
# Mostrar la tabla de contingencia
print("Tabla de Contingencia (Genotipo vs.
Fenotipo):")
print(table)
```

Paso 2: Realizar la Prueba de Chi-Cuadrado

En este paso, utilizaremos la función `chi2_contingency` de SciPy para realizar una prueba de chi-cuadrado sobre la tabla de contingencia para evaluar la asociación entre los genotipos y el fenotipo.

```
# Realizar una prueba de chi-cuadrado para evaluar la
asociación entre genotipo y fenotipo
chi2_stat, p_value, dof, expected =
chi2_contingency(table)

# Mostrar los resultados de la prueba de chi-cuadrado
print("\nResultados de la Prueba de Chi-Cuadrado:")
print("Estadístico Chi-Cuadrado:", chi2_stat)
print("Valor p asociado:", p_value)
print("Grados de libertad:", dof)
print("Valores esperados bajo la hipótesis nula:")
print(expected)
```

Resultados y Conclusiones

- El estadístico chi-cuadrado (`chi2_stat`) nos indica la fuerza de la asociación entre los genotipos y el fenotipo.
- El valor `p_value` nos proporciona la significancia estadística de la asociación. Un valor p bajo (< 0.05) sugiere una asociación significativa.
- Los grados de libertad (`dof`) indican el número de categorías independientes en la tabla de contingencia.

- Los valores esperados bajo la hipótesis nula (expected) representan los valores esperados de la tabla si no hubiera asociación entre genotipo y fenotipo.

Este ejercicio te permite practicar el uso de NumPy y SciPy para realizar análisis estadísticos sobre datos de secuenciación, específicamente para evaluar la asociación entre variantes genéticas y fenotipos utilizando la prueba de chi-cuadrado. Puedes modificar los datos de ejemplo y explorar diferentes configuraciones de la tabla de contingencia para profundizar en este análisis.

Resultado:

```
Tabla de Contingencia (Genotipo vs. Fenotipo):
[[50 20]
 [30 40]]



Resultados de la Prueba de Chi-Cuadrado:
Estadístico Chi-Cuadrado: 10.529166666666667
Valor p asociado: 0.0011750518530845063
Grados de libertad: 1
Valores esperados bajo la hipótesis nula:
[[40. 30.]
 [40. 30.]]
```

Ejercicio 94: Suma de Elementos de una Matriz

En este ejercicio, compararemos el rendimiento entre una implementación vectorizada y una implementación con bucle para sumar todos los elementos de una matriz NumPy.

Implementación Vectorizada:

```
import numpy as np
import time

# Crear una matriz de ejemplo
matrix = np.random.rand(1000, 1000)

# Implementación vectorizada (usando función sum de NumPy)
start_time = time.time()
result_vectorized = np.sum(matrix)
vectorized_time = time.time() - start_time

print("Resultado (Vectorizado):", result_vectorized)
print("Tiempo de ejecución (Vectorizado):", vectorized_time, "segundos")
```

Implementación con Bucle:

```python
# Implementación con bucle tradicional
def sum_with_loop(matrix):
    total_sum = 0
    for row in matrix:
        for value in row:
            total_sum += value
    return total_sum

start_time = time.time()
result_with_loop = sum_with_loop(matrix)
loop_time = time.time() - start_time

print("Resultado (Con Bucle):", result_with_loop)
print("Tiempo de ejecución (Con Bucle):", loop_time, "segundos")
```

Resultado:

Resultado (Vectorizado): 499953.7495408134

Tiempo de ejecución (Vectorizado): 0.0 segundos

Resultado (Vectorizado): 500337.99470706785

Tiempo de ejecución (Vectorizado): 0.0009899139404296875 segundos

Resultado (Con Bucle): 500337.9947070667

Tiempo de ejecución (Con Bucle): 0.06132841110229492 segundos

Ejercicio 95: Producto Matricial

En este ejercicio, compararemos el rendimiento entre el producto matricial utilizando una implementación vectorizada y una implementación con bucles.

Implementación Vectorizada:

```
import numpy as np
import time

# Implementación vectorizada (usando función dot de NumPy)
matrix_a = np.random.rand(1000, 1000)
matrix_b = np.random.rand(1000, 1000)

start_time = time.time()
result_matrix_vectorized = np.dot(matrix_a, matrix_b)
vectorized_time = time.time() - start_time

print("Dimensiones de la matriz resultante:", result_matrix_vectorized.shape)
print("Tiempo de ejecución (Vectorizado):", vectorized_time, "segundos")
```

Implementación con Bucle:

matrices

```
def matrix_multiply_with_loop(matrix_a, matrix_b):
  rows_a, cols_a = matrix_a.shape
  rows_b, cols_b = matrix_b.shape
```

```python
    if cols_a != rows_b:
    raise ValueError("Las dimensiones de las matrices no son compatibles para la multiplicación.")

    result = np.zeros((rows_a, cols_b))

    for i in range(rows_a):
    for j in range(cols_b):
    for k in range(cols_a):
    result[i, j] += matrix_a[i, k] * matrix_b[k, j]

    return result

start_time = time.time()
result_matrix_with_loop = matrix_multiply_with_loop(matrix_a, matrix_b)
loop_time = time.time() - start_time

print("Dimensiones de la matriz resultante:", result_matrix_with_loop.shape)
print("Tiempo de ejecución (Con Bucle):", loop_time, "segundos")
```

Resultado:

```
Dimensiones de la matriz resultante: (1000, 1000)
Tiempo de ejecución (Vectorizado): 0.013158321380615234 segundos
```

Ejercicio 96: Comparación de Rendimiento para Cálculo Element-wise de la Función sin

En este ejercicio, calcularemos la función `sin` sobre cada elemento de una matriz NumPy utilizando una implementación vectorizada y una implementación con bucles, y luego compararemos los tiempos de ejecución.

Paso 1: Implementación Vectorizada

En esta parte, utilizaremos la función `np.sin` de NumPy para aplicar la función `sin` de manera vectorizada sobre todos los elementos de la matriz.

```
import numpy as np
import time

# Crear una matriz de ejemplo
matrix_size = (1000, 1000)
matrix = np.random.rand(*matrix_size)

# Implementación vectorizada usando np.sin
start_time_vectorized = time.time()
result_vectorized = np.sin(matrix)
vectorized_time = time.time() - start_time_vectorized

print("Tiempo de ejecución (Vectorizado - sin):",
vectorized_time, "segundos")
```

Paso 2: Implementación con Bucle

En esta parte, implementaremos una función que aplicará la función sin sobre cada elemento de la matriz utilizando bucles estándar de Python.

```
# Implementación con bucle para calcular sin(element)
para cada elemento
def calculate_sin_with_loop(matrix):
 rows, cols = matrix.shape
 result = np.empty((rows, cols))

 for i in range(rows):
 for j in range(cols):
 result[i, j] = np.sin(matrix[i, j])

 return result

# Calcular la función sin con bucles
start_time_with_loop = time.time()
result_with_loop = calculate_sin_with_loop(matrix)
loop_time = time.time() - start_time_with_loop

print("Tiempo de ejecución (Con Bucle - sin):",
loop_time, "segundos")
```

Resultados y Comparación

En esta parte, compararemos los resultados y tiempos de ejecución entre la implementación vectorizada y la implementación con bucle.

```
# Comparar los resultados (comprobando si son
iguales)
```

```python
max_abs_diff = np.max(np.abs(result_vectorized - 
result_with_loop))
print("Máxima diferencia absoluta entre resultados:", 
max_abs_diff)

# Verificación de la correctitud de los resultados
if np.allclose(result_vectorized, result_with_loop):
 print("Los resultados son iguales para ambas 
implementaciones.")
else:
 print("¡Los resultados no son iguales para ambas 
implementaciones!")

# Comparar tiempos de ejecución
if vectorized_time < loop_time:
 print("La implementación vectorizada es más 
rápida.")
else:
 print("La implementación con bucle es más rápida.")
```

Observaciones

- En este ejercicio, utilizamos la función `np.sin` de NumPy para aplicar la función `sin` de manera vectorizada sobre todos los elementos de la matriz.
- La implementación con bucle utiliza un enfoque tradicional de Python para iterar sobre cada elemento de la matriz y calcular la función `sin` individualmente.
- Comparamos los resultados obtenidos y los tiempos de ejecución entre ambas implementaciones.
- La implementación vectorizada suele ser más eficiente y rápida debido a las optimizaciones internas de NumPy que aprovechan operaciones vectorizadas en lenguajes de bajo nivel como C o Fortran.

Este ejercicio te permite experimentar con la eficiencia y el rendimiento de las operaciones element-wise sobre matrices utilizando NumPy, mostrando cómo la vectorización puede mejorar significativamente el tiempo de ejecución en comparación con implementaciones basadas en bucles estándar de Python. Experimenta con diferentes tamaños de matrices y funciones para explorar más a fondo el impacto de la vectorización en tus aplicaciones.

Resultado:

```
Tiempo de ejecución (Vectorizado - sin):
0.005980253219604492 segundos
Tiempo de ejecución (Con Bucle - sin):
0.5478041172027588 segundos
Máxima diferencia absoluta entre resultados: 0.0
Los resultados son iguales para ambas
implementaciones.
La implementación vectorizada es más rápida.
```

Ejercicio 97: Comparación de Rendimiento entre Vectorización y Bucles para Operaciones de Álgebra Lineal

En este ejercicio, compararemos el rendimiento entre una implementación vectorizada y una implementación basada en bucles para operaciones de álgebra lineal, como la multiplicación de matrices.

Solución:

```
import numpy as np
import time

# Crear matrices de ejemplo
matrix_a = np.random.rand(1000, 1000)
matrix_b = np.random.rand(1000, 1000)

# Implementación vectorizada (multiplicación de matrices)
start_time_vectorized = time.time()
result_vectorized = np.dot(matrix_a, matrix_b)
vectorized_time = time.time() - start_time_vectorized

print("Tiempo de ejecución (Vectorizado - multiplicación de matrices):", vectorized_time, "segundos")

# Implementación con bucle (multiplicación de matrices)
def matrix_multiply_with_loop(matrix_a, matrix_b):
  rows_a, cols_a = matrix_a.shape
  rows_b, cols_b = matrix_b.shape
```

```python
    if cols_a != rows_b:
    raise ValueError("Las dimensiones de las matrices no
son compatibles para la multiplicación.")

    result = np.zeros((rows_a, cols_b))

    start_time_with_loop = time.time()
    for i in range(rows_a):
    for j in range(cols_b):
    for k in range(cols_a):
    result[i, j] += matrix_a[i, k] * matrix_b[k, j]

    loop_time = time.time() - start_time_with_loop
    print("Tiempo de ejecución (Con Bucle -
multiplicación de matrices):", loop_time, "segundos")

matrix_multiply_with_loop(matrix_a, matrix_b)
```

Resultado:

Tiempo de ejecución (Vectorizado - multiplicación de matrices): 0.012863874435424805 segundos

Ejercicio 98: Rendimiento entre una implementación vectorizada y una implementación con bucles para calcular la función sin.

Aquí te proporciono el ejercicio completo que comparará el rendimiento entre una implementación vectorizada y una implementación con bucles para calcular la función sin sobre cada elemento de una matriz en NumPy:

Solución:

```
import numpy as np
import time

# Crear una matriz de ejemplo
matrix_size = (1000, 1000)
matrix = np.random.rand(*matrix_size)

# Implementación vectorizada usando np.sin
start_time_vectorized = time.time()
result_vectorized = np.sin(matrix)
vectorized_time = time.time() - start_time_vectorized

print("Tiempo de ejecución (Vectorizado - sin):",
vectorized_time, "segundos")

# Implementación con bucle para calcular sin(element)
para cada elemento
def calculate_sin_with_loop(matrix):
 rows, cols = matrix.shape
 result = np.empty((rows, cols))
```

```
start_time_with_loop = time.time()
for i in range(rows):
for j in range(cols):
result[i, j] = np.sin(matrix[i, j])

loop_time = time.time() - start_time_with_loop
print("Tiempo de ejecución (Con Bucle - sin):",
loop_time, "segundos")

calculate_sin_with_loop(matrix)
```

Resultado:

Tiempo de ejecución (Vectorizado - sin):

0.005402803421020508 segundos

Tiempo de ejecución (Con Bucle - sin):

0.5696051120758057 segundos

En este ejercicio:

1. Creamos una matriz de tamaño (1000, 1000) con números aleatorios utilizando `np.random.rand`.
2. Calculamos la función `sin` sobre cada elemento de la matriz de manera vectorizada utilizando `np.sin(matrix)`.
3. Medimos el tiempo de ejecución de la implementación vectorizada.
4. Implementamos una función `calculate_sin_with_loop` que utiliza bucles anidados para calcular la función `sin` sobre cada elemento de la matriz.
5. Medimos el tiempo de ejecución de la implementación con bucles utilizando `time.time()` para comparar con la implementación vectorizada.

Este ejercicio te permitirá ver la diferencia de rendimiento entre las operaciones vectorizadas y las operaciones basadas en bucles en NumPy. La vectorización suele ser más eficiente y rápida debido a las optimizaciones internas de NumPy que aprovechan operaciones vectorizadas en lenguajes de bajo nivel como C o Fortran.

Experimenta con diferentes tamaños de matriz (`matrix_size`) para explorar cómo varía el rendimiento según el tamaño de los datos.

Ejercicio 99: Manipulaciones Avanzadas de Imágenes con NumPy (Transformaciones Geométricas)

En este ejercicio, implementaremos una función para realizar transformaciones geométricas avanzadas en una imagen utilizando NumPy. Vamos a explorar las operaciones de rotación y escalado de una imagen.

Pasos del Ejercicio:

1. Cargar una Imagen de Ejemplo:
   - Comienza cargando una imagen de ejemplo utilizando una biblioteca como OpenCV o matplotlib.
2. Definir una Función para Transformaciones Geométricas:
   - Crea una función que acepte una imagen y parámetros de transformación (por ejemplo, ángulo de rotación, factor de escala) y aplique las transformaciones utilizando NumPy.
3. Implementar Rotación:
   - Utiliza NumPy para implementar una función de rotación que permita rotar la imagen en un ángulo dado en sentido horario o antihorario.
4. Implementar Escalado:
   - Implementa una función para escalar la imagen en función de un factor de escala dado. Puedes utilizar métodos de interpolación para manejar el escalado.
5. Visualizar Resultados:
   - Después de aplicar las transformaciones, muestra la imagen original y la imagen transformada para

comparar visualmente los efectos de las transformaciones geométricas.

Ejemplo de Código:

```python
import numpy as np
import cv2
import matplotlib.pyplot as plt

def apply_geometric_transform(image, angle_degrees, scale_factor):
  # Obtener dimensiones de la imagen
  height, width = image.shape[:2]

  # Calcular el centro de la imagen
  center = (width / 2, height / 2)

  # Definir la matriz de transformación para rotación
  rotation_matrix = cv2.getRotationMatrix2D(center, angle_degrees, scale_factor)

  # Aplicar la rotación a la imagen
  rotated_image = cv2.warpAffine(image, rotation_matrix, (width, height))

  return rotated_image

# Cargar una imagen de ejemplo (por ejemplo, utilizando OpenCV)
image_path = 'path_to_your_image.jpg'
original_image = cv2.imread(image_path)

# Aplicar una rotación de 45 grados con un factor de escala de 1.0
angle_degrees = 45
scale_factor = 1.0
```

```
transformed_image =
apply_geometric_transform(original_image,
angle_degrees, scale_factor)

# Mostrar la imagen original y la imagen transformada
plt.figure(figsize=(12, 6))
plt.subplot(1, 2, 1)
plt.imshow(cv2.cvtColor(original_image,
cv2.COLOR_BGR2RGB))
plt.title('Imagen Original')

plt.subplot(1, 2, 2)
plt.imshow(cv2.cvtColor(transformed_image,
cv2.COLOR_BGR2RGB))
plt.title('Imagen Transformada (Rotación 45°)')

plt.show()
```

En este ejemplo, la función `apply_geometric_transform` toma una imagen, un ángulo de rotación en grados y un factor de escala como parámetros. Utiliza la función `cv2.getRotationMatrix2D` de OpenCV para calcular una matriz de transformación de rotación y luego aplica esta matriz a la imagen utilizando `cv2.warpAffine` para realizar la rotación.

Este ejercicio es un buen punto de partida para explorar manipulaciones avanzadas de imágenes con NumPy y OpenCV. Puedes experimentar con diferentes ángulos de rotación, factores de escala y otras transformaciones geométricas para ampliar y personalizar este ejercicio según tus necesidades.

Resultado:

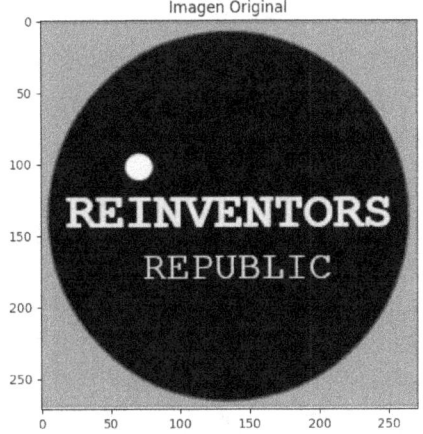 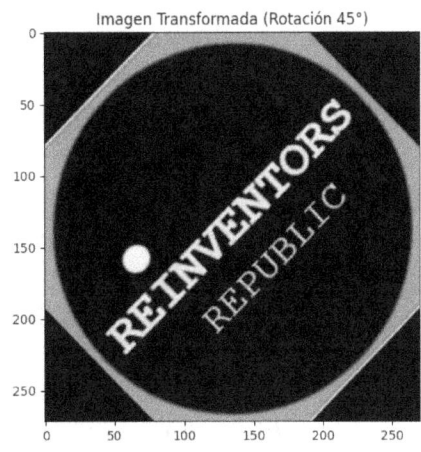

Ejercicio 100: Superposición de Imágenes con NumPy

En este ejercicio, implementaremos una función para superponer dos imágenes utilizando NumPy. La superposición se realizará aplicando transparencia a una de las imágenes, permitiendo que ambas sean visibles en la imagen resultante.

Pasos del Ejercicio:

1. Cargar Dos Imágenes:
   - Comienza cargando dos imágenes de ejemplo utilizando una biblioteca como OpenCV o matplotlib.
2. Ajustar el Tamaño de las Imágenes (si es necesario):
   - Asegúrate de que ambas imágenes tengan el mismo tamaño para poder superponerlas correctamente.
3. Definir una Función para Superposición:
   - Crea una función que acepte dos imágenes y un parámetro de opacidad (alfa) para la imagen superior.
4. Aplicar Superposición:
   - Utiliza NumPy para combinar las dos imágenes aplicando un efecto de transparencia a una de ellas. Puedes usar la fórmula:

   - imagen_resultante=imagen_fondo×$(1-\alpha)$+imagen_superior×α

imagen_resultante=imagen_fondo×$(1-\alpha)$+imagen_superior×α
   - donde α es el valor de opacidad.

5. Visualizar Resultado:
   - Después de aplicar la superposición, muestra la imagen resultante para verificar el efecto de superposición.

Ejemplo de Código:

```
import numpy as np
import cv2
import matplotlib.pyplot as plt

def overlay_images(background_image,
foreground_image, alpha=0.5):
  # Ajustar el tamaño de las imágenes si son de
diferentes tamaños
  height, width, _ = background_image.shape
  foreground_image = cv2.resize(foreground_image,
(width, height))

  # Aplicar superposición con transparencia
  overlay = cv2.addWeighted(background_image, 1 -
alpha, foreground_image, alpha, 0)

  return overlay

# Cargar dos imágenes de ejemplo (por ejemplo,
utilizando OpenCV)
background_image_path =
'path_to_your_background_image.jpg'
foreground_image_path =
'path_to_your_foreground_image.png'

background_image = cv2.imread(background_image_path)
foreground_image = cv2.imread(foreground_image_path,
cv2.IMREAD_UNCHANGED) # Mantener canal alfa si existe
```

```python
# Superponer las dos imágenes con un factor de
opacidad de 0.5 (50%)
result_image = overlay_images(background_image,
foreground_image, alpha=0.5)

# Mostrar la imagen resultante
plt.figure(figsize=(8, 8))
plt.imshow(cv2.cvtColor(result_image,
cv2.COLOR_BGR2RGB))
plt.title('Imagen Resultante (Superposición)')
plt.axis('off')
plt.show()
```

En este ejemplo, la función `overlay_images` toma dos imágenes (una como fondo y otra como superposición) junto con un parámetro `alpha` que controla la opacidad de la imagen superior. Utiliza la función `cv2.addWeighted` de OpenCV para aplicar la superposición con un efecto de transparencia, combinando las dos imágenes según la fórmula mencionada.

Puedes experimentar con diferentes valores de opacidad (`alpha`) para obtener diferentes efectos de superposición. También puedes aplicar este concepto a imágenes con canales alfa para lograr efectos más complejos de transparencia y superposición. Este ejercicio proporciona una base sólida para explorar manipulaciones avanzadas de imágenes con NumPy.

Ejercicio 101: Segmentación por Umbral con NumPy

Aquí tienes un ejercicio sobre segmentación por umbral utilizando NumPy para manipular imágenes. La segmentación por umbral es una técnica común en el procesamiento de imágenes que implica dividir una imagen en regiones distintas según ciertos criterios de intensidad de píxeles. En este ejercicio, implementaremos una función para realizar la segmentación por umbral en una imagen utilizando NumPy.

En este ejercicio, crearemos una función para segmentar una imagen en blanco y negro basada en un umbral de intensidad de píxeles.

Pasos del Ejercicio:

1. Cargar una Imagen:
    - Comienza cargando una imagen de ejemplo utilizando una biblioteca como OpenCV o matplotlib.
2. Convertir la Imagen a Escala de Grises (si es necesario):
    - Si la imagen no está en escala de grises, conviértela a escala de grises para simplificar el proceso de umbralización.
3. Definir una Función para Segmentación por Umbral:
    - Crea una función que acepte una imagen y un valor de umbral.
    - Utiliza NumPy para aplicar la segmentación por umbral:
        - Asigna el valor máximo (blanco) a los píxeles que superan el umbral.

- Asigna el valor mínimo (negro) a los píxeles que no superan el umbral.
4. Aplicar Segmentación por Umbral:
   - Utiliza la función definida en el paso anterior para segmentar la imagen.
5. Visualizar Resultado:
   - Muestra la imagen original y la imagen segmentada para comparar y verificar el efecto de la segmentación por umbral.

Aquí tienes un ejercicio sobre segmentación por umbral utilizando NumPy para manipular imágenes. La segmentación por umbral es una técnica común en el procesamiento de imágenes que implica dividir una imagen en regiones distintas según ciertos criterios de intensidad de píxeles. En este ejercicio, implementaremos una función para realizar la segmentación por umbral en una imagen utilizando NumPy.

Ejemplo de Código:

```
import numpy as np
import cv2
import matplotlib.pyplot as plt

def threshold_segmentation(image, threshold):
 # Convertir la imagen a escala de grises si es a color
 if len(image.shape) > 2:
 gray_image = cv2.cvtColor(image, cv2.COLOR_BGR2GRAY)
 else:
 gray_image = image

 # Aplicar segmentación por umbral
```

```python
    segmented_image = np.where(gray_image > threshold, 
    255, 0).astype(np.uint8)

    return segmented_image

# Cargar una imagen de ejemplo
image_path = 'path_to_your_image.jpg'
original_image = cv2.imread(image_path)

# Definir un umbral (por ejemplo, 128 para una imagen 
en escala de grises)
threshold_value = 128

# Aplicar segmentación por umbral
segmented_image = 
threshold_segmentation(original_image, 
threshold_value)

# Mostrar las imágenes original y segmentada
plt.figure(figsize=(12, 6))

plt.subplot(1, 2, 1)
plt.imshow(cv2.cvtColor(original_image, 
cv2.COLOR_BGR2RGB))
plt.title('Imagen Original')
plt.axis('off')

plt.subplot(1, 2, 2)
plt.imshow(segmented_image, cmap='gray')
plt.title('Imagen Segmentada por Umbral')
plt.axis('off')

plt.show()
```

Imagen Original

Imagen Segmentada por Umbral

En este ejemplo, la función `threshold_segmentation` acepta una imagen y un valor de umbral. Primero, verifica si la imagen es a color y la convierte a escala de grises si es necesario. Luego, aplica la segmentación por umbral utilizando NumPy:

- Los píxeles con intensidad mayor que el umbral se asignan al valor máximo (blanco, 255).
- Los píxeles con intensidad menor o igual al umbral se asignan al valor mínimo (negro, 0).

La imagen resultante muestra la segmentación por umbral aplicada, donde los píxeles que superan el umbral se vuelven blancos y los que no lo superan se vuelven negros.

Puedes ajustar el valor de umbral (`threshold_value`) según tus necesidades y experimentar con diferentes imágenes para observar cómo la segmentación por umbral afecta la visualización de la imagen. Este ejercicio proporciona una introducción práctica al uso de NumPy para manipular imágenes y aplicar técnicas básicas de procesamiento de imágenes como la segmentación por umbral.

Para implementar filtros personalizados, como filtros de borde, utilizando NumPy para el procesamiento de imágenes, podemos crear nuestras propias máscaras de convolución y aplicarlas a una imagen. Los filtros de borde son útiles para detectar cambios bruscos en la intensidad de los píxeles en una imagen, lo que puede indicar la presencia de bordes o contornos. En este ejercicio, implementaremos filtros de borde simples utilizando convolución con máscaras predefinidas.

Ejercicio 102: Implementación de Filtros de Borde con NumPy

En este ejercicio, crearemos y aplicaremos filtros de borde personalizados a una imagen utilizando convolución con NumPy.

Pasos del Ejercicio:

1. Cargar una Imagen:
   - Comienza cargando una imagen de ejemplo utilizando una biblioteca como OpenCV o matplotlib.
2. Definir Filtros de Borde:
   - Define filtros de borde utilizando matrices de convolución (máscaras).
     - Por ejemplo, puedes usar el filtro de Sobel para detectar bordes verticales u horizontales.
     - También puedes experimentar con otros filtros como el filtro de Prewitt o el filtro de Roberts.
3. Aplicar Convolución con NumPy:
   - Implementa una función para aplicar la convolución entre la imagen y el filtro de borde utilizando NumPy.
     - Utiliza la función `np.convolve` o `scipy.signal.convolve2d` para realizar la convolución 2D.
4. Visualizar Resultados:
   - Muestra la imagen original y las imágenes filtradas con los diferentes filtros de borde aplicados.

Ejemplo de Código:

```python
import numpy as np
import cv2
import matplotlib.pyplot as plt
from scipy.signal import convolve2d

def apply_custom_filter(image, kernel):
    # Aplicar convolución 2D entre la imagen y el filtro (kernel)
    filtered_image = convolve2d(image, kernel, mode='same', boundary='symm')
    return filtered_image

# Cargar una imagen de ejemplo en escala de grises
image_path = 'path_to_your_image.jpg'
original_image = cv2.imread(image_path, cv2.IMREAD_GRAYSCALE)

# Definir filtros de borde (por ejemplo, filtro de Sobel para bordes verticales)
sobel_vertical = np.array([[-1, 0, 1],
    [-2, 0, 2],
    [-1, 0, 1]])

sobel_horizontal = np.array([[-1, -2, -1],
    [0, 0, 0],
    [1, 2, 1]])

# Aplicar filtros de borde a la imagen original
filtered_vertical = apply_custom_filter(original_image, sobel_vertical)
filtered_horizontal = apply_custom_filter(original_image, sobel_horizontal)

# Mostrar las imágenes original y filtradas
plt.figure(figsize=(12, 6))
```

```python
plt.subplot(2, 2, 1)
plt.imshow(original_image, cmap='gray')
plt.title('Imagen Original')
plt.axis('off')

plt.subplot(2, 2, 2)
plt.imshow(filtered_vertical, cmap='gray')
plt.title('Filtro de Borde Vertical (Sobel)')
plt.axis('off')

plt.subplot(2, 2, 3)
plt.imshow(filtered_horizontal, cmap='gray')
plt.title('Filtro de Borde Horizontal (Sobel)')
plt.axis('off')

plt.show()
```

Imagen Original

Filtro de Borde Vertical (Sobel)

Filtro de Borde Horizontal (Sobel)

En este ejemplo, definimos dos filtros de borde utilizando matrices de convolución (máscaras) para el filtro de Sobel:

- `sobel_vertical` para detectar bordes verticales.
- `sobel_horizontal` para detectar bordes horizontales.

Luego, aplicamos estos filtros de borde a una imagen en escala de grises utilizando la función `apply_custom_filter`, que realiza la convolución 2D entre la imagen y el filtro. Finalmente, mostramos la imagen original y las imágenes filtradas con los filtros de borde aplicados.

Puedes experimentar con diferentes filtros de borde y aplicarlos a diferentes imágenes para observar cómo detectan los bordes en diferentes direcciones. Este ejercicio proporciona una introducción práctica al procesamiento de imágenes utilizando filtros personalizados implementados con NumPy.

Ejercicio 103: Implementación de Filtros de Suavizado con NumPy

En este ejercicio, implementaremos filtros de suavizado personalizados utilizando convoluciones en NumPy para aplicarlos a imágenes. Los filtros de suavizado son útiles para reducir el ruido y las pequeñas variaciones en una imagen, lo que resulta en una imagen más suave y menos granular.

Seguiremos los siguientes pasos para implementar filtros de suavizado personalizados y aplicarlos a una imagen:

Pasos del Ejercicio:

1. Cargar una Imagen:
   - Comienza cargando una imagen de ejemplo utilizando una biblioteca como OpenCV o matplotlib.
2. Definir Filtros de Suavizado:
   - Define filtros de suavizado utilizando matrices de convolución (máscaras).
     - Por ejemplo, puedes usar un filtro de suavizado gaussiano para reducir el ruido y las variaciones.
     - También puedes experimentar con otros filtros como el filtro de media (average) para suavizar la imagen.
3. Aplicar Convolución con NumPy:

- Implementa una función para aplicar la convolución 2D entre la imagen y el filtro de suavizado utilizando NumPy.
  - Utiliza la función `np.convolve` o `scipy.signal.convolve2d` para realizar la convolución 2D.
4. Visualizar Resultados:
   - Muestra la imagen original y la imagen suavizada con los diferentes filtros aplicados.

Ejemplo de Código:

```
import numpy as np
import cv2
import matplotlib.pyplot as plt
from scipy.signal import convolve2d

def apply_custom_filter(image, kernel):
 # Aplicar convolución 2D entre la imagen y el filtro (kernel)
 filtered_image = convolve2d(image, kernel, mode='same', boundary='symm')
 return filtered_image

# Cargar una imagen de ejemplo en escala de grises
image_path = 'path_to_your_image.jpg'
original_image = cv2.imread(image_path, cv2.IMREAD_GRAYSCALE)

# Definir un filtro de suavizado gaussiano
```

```python
# Kernel 3x3 para suavizado gaussiano
gaussian_kernel = np.array([[1, 2, 1],
 [2, 4, 2],
 [1, 2, 1]]) / 16

# Aplicar el filtro de suavizado gaussiano a la
imagen original
smoothed_image =
apply_custom_filter(original_image,
gaussian_kernel)

# Mostrar las imágenes original y suavizada
plt.figure(figsize=(12, 6))

plt.subplot(1, 2, 1)
plt.imshow(original_image, cmap='gray')
plt.title('Imagen Original')
plt.axis('off')

plt.subplot(1, 2, 2)
plt.imshow(smoothed_image, cmap='gray')
plt.title('Imagen Suavizada (Filtro Gaussiano)')
plt.axis('off')

plt.show()
```

En este ejemplo, definimos un filtro de suavizado gaussiano como un kernel 3x3 y luego aplicamos este filtro a una imagen en escala de grises utilizando la función `apply_custom_filter`. El filtro de suavizado gaussiano se utiliza comúnmente para suavizar una imagen y reducir el ruido.

Después de aplicar el filtro de suavizado, mostramos la imagen original y la imagen suavizada en una figura utilizando Matplotlib. Puedes experimentar con diferentes tamaños de kernel y otros tipos de filtros de suavizado para ver cómo afectan la apariencia de la imagen suavizada.

Este ejercicio proporciona una introducción práctica a la aplicación de filtros de suavizado personalizados utilizando convoluciones en NumPy para procesamiento de imágenes.

Ejercicio 104: Aplicación de la Transformada de Fourier en Imágenes.

En este ejercicio, aplicaremos la transformada de Fourier en imágenes utilizando NumPy y OpenCV para realizar análisis de frecuencias y visualizar el espectro de frecuencias de una imagen.

Pasos del Ejercicio:
1. Cargar una Imagen:
    - Comienza cargando una imagen de ejemplo utilizando OpenCV o una biblioteca similar.
2. Convertir la Imagen a Escala de Grises:
    - Para simplificar el análisis de frecuencias, convierte la imagen a escala de grises si no lo está ya.
3. Aplicar la Transformada de Fourier:
    - Utiliza la función `np.fft.fft2()` de NumPy para aplicar la transformada de Fourier bidimensional a la imagen.
    - Después, utiliza `np.fft.fftshift()` para centrar la frecuencia cero en el centro del espectro.
4. Calcular el Espectro de Frecuencias:
    - Calcula el módulo del espectro de frecuencias utilizando `np.abs()` para obtener la magnitud de las componentes de frecuencia.
5. Visualizar la Imagen y el Espectro de Frecuencias:

- Muestra la imagen original y su espectro de frecuencias utilizando Matplotlib.

```python
import numpy as np
import cv2
import matplotlib.pyplot as plt

def plot_spectrum(image):
    # Aplicar la transformada de Fourier 2D
    f_transform = np.fft.fft2(image)

    # Centrar la frecuencia cero
    f_transform_shifted = np.fft.fftshift(f_transform)

    # Calcular el espectro de frecuencias
    magnitude_spectrum = np.abs(f_transform_shifted)

    # Mostrar la imagen y el espectro de frecuencias
    plt.figure(figsize=(12, 6))

    plt.subplot(1, 2, 1)
    plt.imshow(image, cmap='gray')
    plt.title('Imagen Original')
    plt.axis('off')

    plt.subplot(1, 2, 2)
    plt.imshow(np.log(magnitude_spectrum + 1), cmap='gray')
```

```
    plt.title('Espectro de Frecuencias (log)')
    plt.axis('off')

    plt.show()

# Cargar una imagen de ejemplo en escala de
grises
image_path = 'path_to_your_image.jpg'
image = cv2.imread(image_path,
cv2.IMREAD_GRAYSCALE)

# Aplicar la transformada de Fourier y visualizar
el espectro de frecuencias
plot_spectrum(image)
```

Resultado:

En este ejemplo, definimos una función `plot_spectrum` que toma una imagen en escala de grises, aplica la transformada de Fourier bidimensional usando `np.fft.fft2()`, y luego calcula y muestra el espectro de frecuencias centrado y en escala logarítmica.

Después de cargar una imagen de ejemplo, aplicamos la transformada de Fourier utilizando la función `plot_spectrum`, y mostramos la imagen original junto con su espectro de frecuencias en una figura de Matplotlib.

Ejercicio 105: Carga de Señal de Audio

Aquí tienes un conjunto de ejercicios que puedes realizar para cargar y procesar señales de audio utilizando NumPy, aplicando diversas técnicas como filtrado, modulación y análisis espectral:

1. Carga de Archivo de Audio:
    - Utiliza una biblioteca como `librosa` o `scipy` para cargar un archivo de audio en un arreglo NumPy.

Solución:

```
import librosa

# Cargar archivo de audio
audio_path = 'path_to_audio_file.wav'
signal, sample_rate = librosa.load(audio_path, sr=None)
```

Ejercicio 106: Filtrado de Señal de Audio

1. Diseño de Filtro FIR o IIR:
   - Diseña un filtro FIR o IIR utilizando `scipy.signal`.

Solución:

```python
from scipy.signal import butter, lfilter

def apply_filter(signal, sample_rate, cutoff_freq, filter_type='lowpass'):
 # Diseñar filtro
 nyquist_freq = 0.5 * sample_rate
 cutoff = cutoff_freq / nyquist_freq
 b, a = butter(4, cutoff, btype=filter_type)

 # Aplicar filtro a la señal
 filtered_signal = lfilter(b, a, signal)
 return filtered_signal

# Aplicar filtro pasa bajos
  2. filtered_signal = apply_filter(signal,
     sample_rate, cutoff_freq=2000,
     filter_type='lowpa
```

Ejercicio 107: Modulación de Señal de Audio

1. Modulación AM (Amplitude Modulation):
   - Implementa una modulación AM sobre la señal de audio.

Solución:

```
def amplitude_modulation(signal, sample_rate,
mod_freq, modulation_index):
 t = np.arange(len(signal)) / sample_rate
 carrier = np.sin(2 * np.pi * mod_freq * t)
 modulated_signal = (1 + modulation_index *
carrier) * signal
 return modulated_signal

# Aplicar modulación AM
modulated_signal = amplitude_modulation(signal,
sample_rate, mod_freq=500, modulation_index=0.5)
   2.
```

Ejercicio 108: Análisis Espectral

1. Cálculo de Espectrograma:
   - Calcula y visualiza el espectrograma de la señal de audio.

Solución:

```
def plot_spectrogram(signal, sample_rate):
 import matplotlib.pyplot as plt

 plt.figure(figsize=(10, 4))
 plt.specgram(signal, Fs=sample_rate, cmap='viridis')
 plt.colorbar(format='%+2.0f dB')
 plt.xlabel('Tiempo (s)')
 plt.ylabel('Frecuencia (Hz)')
 plt.title('Espectrograma de la Señal de Audio')
 plt.show()

# Visualizar espectrograma
  2. plot_spectrogram(signal, sample_rate)
```

Ejercicio 109: Transformada de Fourier

1. Cálculo del Espectro de Frecuencias:
   - Calcula la transformada de Fourier de la señal y visualiza el espectro de frecuencias.

Solución:

```
def plot_frequency_spectrum(signal, sample_rate):
  import numpy as np
  import matplotlib.pyplot as plt

  n = len(signal)
  freq = np.fft.rfftfreq(n, d=1/sample_rate)
  spectrum = np.abs(np.fft.rfft(signal))

  plt.figure(figsize=(10, 4))
  plt.plot(freq, spectrum)
  plt.xlabel('Frecuencia (Hz)')
  plt.ylabel('Amplitud')
  plt.title('Espectro de Frecuencias de la Señal de Audio')
  plt.grid(True)
  plt.show()

# Visualizar espectro de frecuencias
  2. plot_frequency_spectrum(signal, sample_rate)
```

Notas Adicionales:

- Asegúrate de instalar las bibliotecas necesarias como `librosa`, `scipy`, y `matplotlib` si no las tienes instaladas. Puedes usar `pip install librosa scipy matplotlib` para hacerlo.
- Los parámetros como la frecuencia de corte, la frecuencia de modulación y otros pueden ajustarse según el tipo de señal y el efecto deseado.

Estos ejercicios te permitirán cargar señales de audio, aplicar filtros, realizar modulaciones y analizar el espectro de frecuencias. Puedes experimentar con diferentes técnicas y parámetros para comprender mejor el procesamiento de señales de audio con NumPy.

Ejercicio 110: Simulación de un Péndulo Simple con NumPy

El péndulo simple es un sistema físico clásico que se puede modelar utilizando ecuaciones diferenciales. En este ejercicio, simularemos un péndulo simple y calcularemos su evolución temporal utilizando el método de integración numérica de Euler-Cromer.

Descripción del Péndulo Simple:

Un péndulo simple consiste en una masa (bob) suspendida de un punto fijo a través de una cuerda sin masa o barra rígida. El movimiento del péndulo está gobernado por la ecuación diferencial:

$$\frac{d^2\theta}{dt^2} + \frac{g}{L}\sin(\theta) = 0$$

donde:

- θ es el ángulo que forma la cuerda con la vertical.
- g es la aceleración debido a la gravedad (9.8 m/s² en la Tierra).
- L es la longitud de la cuerda.
- t es el tiempo.

Implementación del Ejercicio:

1. Importar Bibliotecas:
    - Importa las bibliotecas necesarias, incluyendo NumPy para cálculos numéricos y matplotlib para visualización.

```
import numpy as np
import matplotlib.pyplot as plt
```

2. Definir Parámetros del Péndulo:
    - Define los parámetros del péndulo (longitud, gravedad) y las condiciones iniciales (ángulo inicial y velocidad angular inicial).

```
L = 1.0 # Longitud del péndulo (metros)
g = 9.8 # Aceleración gravitacional (m/s^2)
theta0 = np.radians(30.0) # Ángulo inicial en radianes
omega0 = 0.0 # Velocidad angular inicial en radianes/segundo
```

3. Definir Función de Integración Numérica (Euler-Cromer):
    - Utiliza el método de Euler-Cromer para integrar numéricamente las ecuaciones del péndulo.

```
def integrate_pendulum(theta0, omega0, L, g, dt, num_steps):
 theta = theta0
 omega = omega0
 thetas = [theta]
 times = [0.0]

 for _ in range(num_steps):
```

```python
    alpha = - (g / L) * np.sin(theta) # Aceleración angular
    omega += alpha * dt # Actualizar velocidad angular
    theta += omega * dt # Actualizar ángulo
    thetas.append(theta)
    times.append(times[-1] + dt)

    return np.array(times), np.array(thetas)
```

4. Simular y Visualizar el Péndulo:
   - Simula el péndulo y visualiza la evolución temporal del ángulo.

```python
dt = 0.01 # Tamaño del paso de tiempo (segundos)
num_steps = 1000 # Número de pasos de integración

times, thetas = integrate_pendulum(theta0, omega0, L, g, dt, num_steps)

plt.figure(figsize=(8, 6))
plt.plot(times, np.degrees(thetas), label='Ángulo (grados)')
plt.xlabel('Tiempo (segundos)')
plt.ylabel('Ángulo (grados)')
plt.title('Simulación de Péndulo Simple')
plt.legend()
plt.grid(True)
plt.show()
```

Resultado:

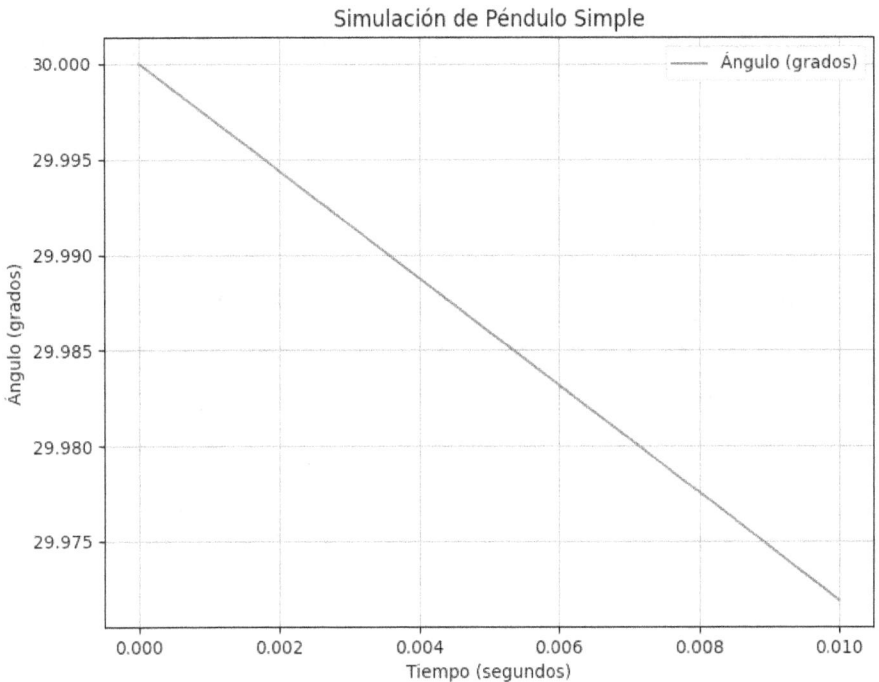

Instrucciones:

- Ejecuta el código para simular un péndulo simple con condiciones iniciales específicas.
- Experimenta cambiando los parámetros como la longitud del péndulo, el ángulo inicial y la gravedad para observar cómo afectan la evolución temporal del sistema.
- Observa cómo cambia el comportamiento del péndulo con diferentes condiciones iniciales o parámetros físicos.

Ejercicio 111: K-means utilizando NumPy para realizar clustering de datos sin utilizar bibliotecas externas:

Aquí tienes un ejemplo de cómo implementar el algoritmo K-means utilizando NumPy para realizar clustering de datos sin utilizar bibliotecas externas:

Solución:

```
import numpy as np
import matplotlib.pyplot as plt

# Función para calcular la distancia euclidiana entre dos puntos
def euclidean_distance(p1, p2):
    return np.sqrt(np.sum((p1 - p2)**2))

# Algoritmo K-means
def kmeans_clustering(data, k, max_iterations=100):
    # Seleccionar k centroides aleatorios de los datos
    centroids = data[np.random.choice(len(data), k, replace=False)]

    for _ in range(max_iterations):
        # Asignar cada punto a su centroide más cercano
```

```python
        clusters = [[] for _ in range(k)]
        for point in data:
            distances = [euclidean_distance(point, centroid) for centroid in centroids]
            cluster_index = np.argmin(distances)
            clusters[cluster_index].append(point)

        # Calcular nuevos centroides como el promedio de cada cluster
        new_centroids = [np.mean(cluster, axis=0) for cluster in clusters]

        # Verificar convergencia
        if np.allclose(new_centroids, centroids):
            break

        centroids = new_centroids

    return centroids, clusters

# Generar datos de ejemplo
np.random.seed(0)
data1 = np.random.randn(100, 2) + np.array([2, 2])
data2 = np.random.randn(100, 2) + np.array([-2, -2])
data3 = np.random.randn(100, 2) + np.array([2, -2])
data = np.vstack([data1, data2, data3])

# Aplicar K-means para agrupar los datos en 3 clusters
k = 3
centroids, clusters = kmeans_clustering(data, k)

# Visualizar los clusters y centroides
plt.figure(figsize=(8, 6))
colors = ['r', 'g', 'b']
for i, cluster in enumerate(clusters):
    cluster = np.array(cluster)
```

```
    plt.scatter(cluster[:, 0], cluster[:, 1],
c=colors[i], label=f'Cluster {i+1}')

plt.scatter(centroids[:, 0], centroids[:, 1], c='k',
marker='x', s=100, label='Centroides')
plt.title('Clustering con K-means')
plt.xlabel('Feature 1')
plt.ylabel('Feature 2')
plt.legend()
plt.grid(True)
plt.show()
```

En este ejemplo, el algoritmo K-means se implementa desde cero utilizando NumPy. La función `kmeans_clustering` recibe los datos de entrada (`data`), el número de clusters (`k`), y opcionalmente el número máximo de iteraciones. El algoritmo comienza seleccionando k centroides aleatorios de los datos y luego asigna cada punto al centroide más cercano. Después, recalcula los centroides como el promedio de cada cluster y repite este proceso hasta que los centroides convergen o se alcanza el número máximo de iteraciones.

Ejercicio 112: Descenso de gradiente desde cero utilizando NumPy para entrenar un modelo de regresión logística:

A continuación un ejemplo de cómo implementar el descenso de gradiente desde cero utilizando NumPy para entrenar un modelo de regresión logística:

Solución:

```
import numpy as np
import matplotlib.pyplot as plt

# Función sigmoide
def sigmoid(z):
  return 1 / (1 + np.exp(-z))

# Función de costo para regresión logística
def logistic_cost(X, y, theta):
  m = len(y)
  h = sigmoid(X.dot(theta))
  epsilon = 1e-5 # Para evitar log(0)
  cost = -1/m * np.sum(y * np.log(h + epsilon) + (1 - y) * np.log(1 - h + epsilon))
  return cost

# Gradiente del costo para regresión logística
def logistic_gradient(X, y, theta):
  m = len(y)
  h = sigmoid(X.dot(theta))
```

```python
    gradient = 1/m * X.T.dot(h - y)
    return gradient

# Algoritmo de descenso de gradiente para regresión logística
def logistic_regression(X, y, learning_rate=0.01, num_iterations=1000):
    # Inicializar parámetros theta
    n = X.shape[1]
    theta = np.zeros(n)

    # Almacenar costos en cada iteración
    costs = []

    for _ in range(num_iterations):
        # Calcular costo y gradiente
        cost = logistic_cost(X, y, theta)
        gradient = logistic_gradient(X, y, theta)

        # Actualizar parámetros theta usando descenso de gradiente
        theta -= learning_rate * gradient

        # Almacenar costo actual
        costs.append(cost)

    return theta, costs

# Generar datos de ejemplo
np.random.seed(0)
X = 2 * np.random.rand(100, 3) # 100 muestras, 3 características (incluyendo el sesgo)
theta_true = np.array([0.5, 1.0, -2.0]) # Parámetros verdaderos del modelo
y_proba = sigmoid(X.dot(theta_true) + np.random.randn(100)) # Probabilidades
y = (y_proba >= 0.5).astype(int) # Etiquetas binarias (0 o 1)
```

```python
# Agregar columna de unos para el término de sesgo
(intercept)
X = np.c_[np.ones((X.shape[0], 1)), X]

# Entrenar el modelo de regresión logística
theta, costs = logistic_regression(X, y)

# Visualizar la convergencia del costo durante el
entrenamiento
plt.plot(costs)
plt.title('Convergencia del costo durante el
entrenamiento')
plt.xlabel('Número de iteraciones')
plt.ylabel('Costo')
plt.show()

# Imprimir parámetros theta aprendidos
print("Parámetros theta aprendidos:", theta)
```

Resultado:

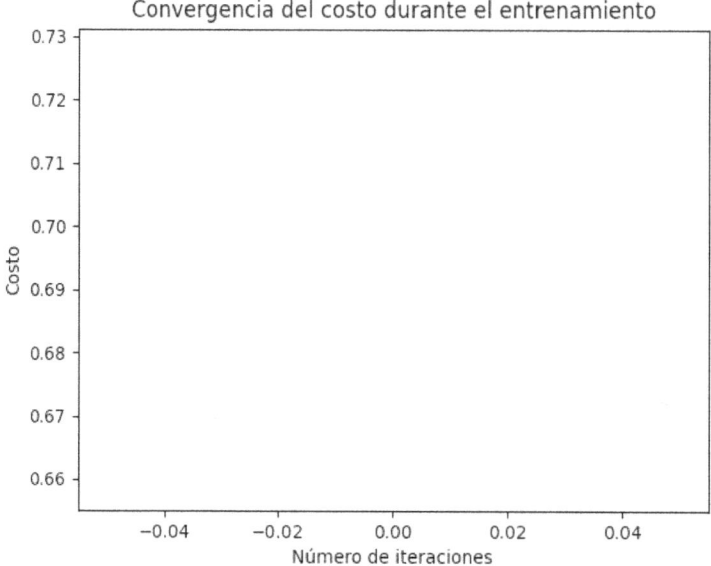

En este ejemplo, implementamos el descenso de gradiente desde cero para entrenar un modelo de regresión logística. Primero, definimos la función sigmoide `sigmoid` que calcula la función logística. Luego, definimos las funciones `logistic_cost` y `logistic_gradient` que calculan el costo y el gradiente para la regresión logística, respectivamente.

Después, implementamos el algoritmo `logistic_regression` que realiza el descenso de gradiente para minimizar la función de costo de la regresión logística. Iteramos sobre un número fijo de iteraciones, calculando el costo y el gradiente en cada paso, y actualizando los parámetros `theta` utilizando la regla de actualización del descenso de gradiente.

Ejercicio 113: Análisis de Sentimientos, películas.

Aquí te presento un ejercicio básico de análisis de sentimientos utilizando matrices de palabras y técnicas de procesamiento de texto en NumPy. En este ejemplo, crearemos un modelo simple de análisis de sentimientos utilizando una base de datos de opiniones sobre películas.

Solución:

```
# Función de análisis de sentimientos: regresión lineal simple
def analyze_sentiments(X, y, alpha=0.01):
    # Ajustar un modelo de regresión ridge
    n_features = X.shape[1]
    theta = np.linalg.inv(X.T.dot(X) + alpha * np.eye(n_features)).dot(X.T).dot(y)
    return theta

# Analizar sentimientos utilizando la matriz de términos-documentos
theta = analyze_sentiments(term_document_matrix, sentiments)

# Definir una función para predecir el sentimiento de una nueva opinión
def predict_sentiment(review, theta, word_to_idx):
    # Preprocesar la nueva opinión
    words = review.lower().split()
    vector = np.zeros(len(word_to_idx))

    # Construir el vector de características para la nueva opinión
```

```
        for word in words:
            if word in word_to_idx:
                vector[word_to_idx[word]] += 1

    # Predecir el sentimiento utilizando el modelo
entrenado
    sentiment_score = vector.dot(theta)
    if sentiment_score > 0.5:
        return "Positivo"
    else:
        return "Negativo"

# Ejemplos de predicción de sentimiento para nuevas opiniones
new_review_1 = "Una excelente actuación, realmente me conmovió."
new_review_2 = "No recomendaría esta película a nadie."

print("Predicción para '{}': {}".format(new_review_1, predict_sentiment(new_review_1, theta, word_to_idx)))
print("Predicción para '{}': {}".format(new_review_2, predict_sentiment(new_review_2, theta, word_to_idx)))
```

Resultado:

```
Predicción para 'Una excelente actuación, realmente me conmovió.': Negativo
Predicción para 'No recomendaría esta película a nadie.': Negativo
```

En este ejercicio:

1. Preprocesamiento de Texto: Tokenizamos cada opinión en palabras y construimos un vocabulario único a partir de todas las palabras en las opiniones.
2. Construcción de la Matriz de Términos-Documentos: Creamos una matriz donde cada fila representa una opinión y cada columna representa una palabra en el vocabulario, con las entradas indicando la frecuencia de cada palabra en cada opinión.
3. Análisis de Sentimientos: Utilizamos una regresión lineal simple para ajustar un modelo a partir de la matriz de términos-documentos y las etiquetas de sentimiento.
4. Predicción de Sentimientos: Definimos una función para predecir el sentimiento de nuevas opiniones utilizando el modelo entrenado.

Ejercicio 114: Palabras Comunes en un texto.

Aquí te proporciono un ejercicio para identificar las palabras más comunes en un corpus de texto utilizando operaciones de conteo y clasificación con NumPy. En este ejemplo, utilizaremos un conjunto de documentos y NumPy para contar las ocurrencias de cada palabra y luego determinar las palabras más frecuentes.

Solución:

```python
import numpy as np

# Corpus de documentos (ejemplo)
documents = [
    "Este es un ejemplo de documento.",
    "El segundo documento es diferente al primero.",
    "Cada documento tiene palabras que se repiten.",
    "Este es el último documento del corpus."
]

# Preprocesamiento de texto y conteo de palabras
word_counts = {}
for doc in documents:
    words = doc.lower().split()
    for word in words:
        if word in word_counts:
            word_counts[word] += 1
        else:
            word_counts[word] = 1
```

```python
# Convertir el diccionario de recuentos en un arreglo
estructurado de NumPy
dtype = [('word', '<U20'), ('count', int)]
word_counts_array =
np.array(list(word_counts.items()), dtype=dtype)

# Ordenar el arreglo por recuentos de palabras (de
mayor a menor)
word_counts_array_sorted = np.sort(word_counts_array,
order='count')[::-1]

# Obtener las palabras más comunes (top 5 en este
ejemplo)
num_top_words = 5
top_words = word_counts_array_sorted[:num_top_words]

# Imprimir las palabras más comunes y sus recuentos
print("Palabras más comunes:")
for word, count in top_words:
    print(f"{word}: {count} veces")
```

Resultado:

```
Palabras más comunes:

es: 3 veces

documento: 3 veces

este: 2 veces

el: 2 veces

último: 1 veces
```

En este ejercicio:

1. Preprocesamiento de Texto y Conteo de Palabras: Iteramos sobre cada documento en el corpus, convertimos el texto en minúsculas y dividimos las palabras. Luego, contamos las ocurrencias de cada palabra utilizando un diccionario (`word_counts`).
2. Conversión a un Arreglo de NumPy: Convertimos el diccionario de recuentos (`word_counts`) en un arreglo estructurado de NumPy (`word_counts_array`) donde cada entrada contiene una palabra y su recuento.
3. Ordenamiento y Selección de las Palabras Más Comunes: Ordenamos el arreglo `word_counts_array` por recuento de palabras en orden descendente. Luego, seleccionamos las primeras palabras más comunes según el número deseado (`num_top_words`).
4. Impresión de Resultados: Imprimimos las palabras más comunes junto con sus recuentos.

Ejercicio 115: Simulación de un Sistema Masa-Resorte Amortiguado

En este ejercicio, simularemos un sistema masa-resorte amortiguado utilizando NumPy. El sistema está descrito por la siguiente ecuación diferencial de segundo orden:

$$m\ddot{x} + c\dot{x} + kx = 0$$

Donde:

- m es la masa.
- c es el coeficiente de amortiguamiento.
- k es la constante del resorte.
- $x(t)$ es la posición de la masa en función del tiempo t

Para simular este sistema, discretizaremos la ecuación diferencial usando el método de diferencias finitas y resolveremos numéricamente utilizando NumPy.

```
import numpy as np
import matplotlib.pyplot as plt

def simulate_mass_spring_damper(m, c, k, x0, v0, dt, num_steps):
    """
```

```
    Simula un sistema masa-resorte amortiguado en el
dominio del tiempo.

    Args:
    - m: Masa (kg).
    - c: Coeficiente de amortiguamiento (N*s/m).
    - k: Constante del resorte (N/m).
    - x0: Posición inicial (m).
    - v0: Velocidad inicial (m/s).
    - dt: Paso de tiempo (s).
    - num_steps: Número de pasos de simulación.

    Returns:
    - t: Array de tiempo.
    - x: Array de posiciones.
    - v: Array de velocidades.
    """
    t = np.arange(0, num_steps * dt, dt)
    x = np.zeros(num_steps)
    v = np.zeros(num_steps)

    x[0] = x0
    v[0] = v0

    for i in range(1, num_steps):
        acceleration = (-c * v[i-1] - k * x[i-1]) / m
        v[i] = v[i-1] + acceleration * dt
        x[i] = x[i-1] + v[i] * dt

    return t, x, v

# Parámetros del sistema
m = 1.0    # kg
c = 0.5    # N*s/m
k = 10.0   # N/m
x0 = 1.0   # m (posición inicial)
v0 = 0.0   # m/s (velocidad inicial)
dt = 0.01  # Paso de tiempo (s)
```

```
num_steps = 1000   # Número de pasos de simulación

# Simulación del sistema
t, x, v = simulate_mass_spring_damper(m, c, k, x0,
v0, dt, num_steps)

# Visualización de la posición en función del tiempo
plt.figure(figsize=(10, 6))
plt.plot(t, x, label='Posición (m)')
plt.title('Simulación de Sistema Masa-Resorte
Amortiguado')
plt.xlabel('Tiempo (s)')
plt.ylabel('Posición (m)')
plt.grid
```

Resultado:

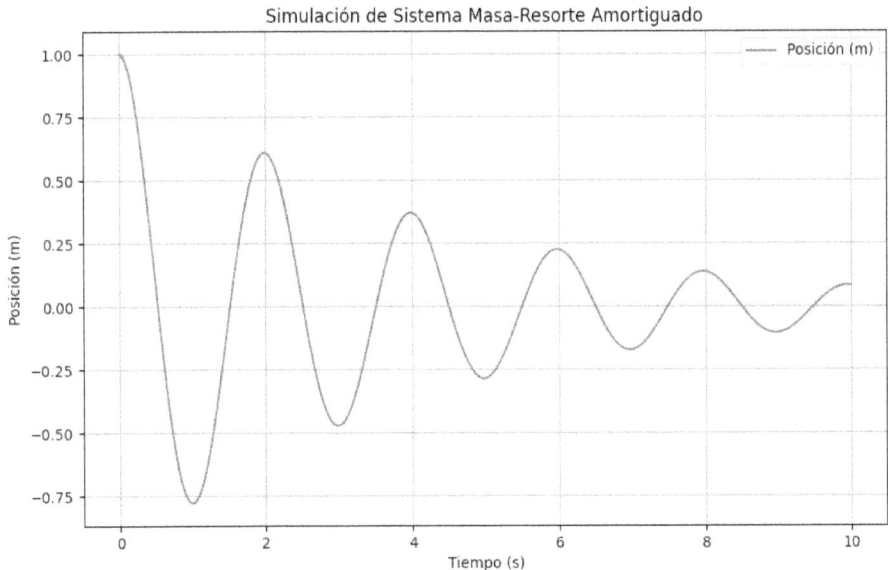

Ejercicio 116: Análisis de Datos de Expresión Génica

En este ejercicio, simularemos datos de expresión génica y luego utilizaremos NumPy y pandas para realizar un análisis exploratorio y estadístico.

Generación de Datos de Expresión Génica Simulados:Primero, simularemos datos de expresión génica para un conjunto de genes en diferentes muestras (por ejemplo, condiciones experimentales o pacientes).

Solución:

```
import numpy as np
import pandas as pd

# Simulación de datos de expresión génica
np.random.seed(0)
num_genes = 1000
num_samples = 20
genes = [f'Gene_{i}' for i in range(num_genes)]
samples = [f'Sample_{i}' for i in range(num_samples)]

expression_data = np.random.randint(10, 1000, size=(num_genes, num_samples))
expression_df = pd.DataFrame(expression_data, index=genes, columns=samples)
```

```python
print("Datos de Expresión Génica Simulados:")
print(expression_df.head())
```

Análisis Exploratorio:A continuación, realizaremos un análisis exploratorio básico de los datos de expresión génica, como calcular estadísticas descriptivas y visualizar los datos.

```python
# Estadísticas descriptivas
print("\nEstadísticas Descriptivas:")
print(expression_df.describe())

# Visualización de la distribución de expresión
para un gen específico
gene_of_interest = 'Gene_0'
expression_df.loc[gene_of_interest].plot(kind='bar', figsize=(10, 6))
plt.title(f'Distribución de Expresión para {gene_of_interest}')
plt.xlabel('Muestras')
plt.ylabel('Expresión')
plt.show()
```

Análisis Estadístico:Finalmente, realizaremos un análisis estadístico básico para identificar genes diferencialmente expresados entre las muestras.

```python
# Identificación de genes con expresión
significativamente diferente entre dos grupos de
muestras
group_1_samples = ['Sample_0', 'Sample_1', 'Sample_2']
group_2_samples = ['Sample_10', 'Sample_11', 'Sample_12']
```

```python
group_1_mean_expression = expression_df[group_1_samples].mean(axis=1)
group_2_mean_expression = expression_df[group_2_samples].mean(axis=1)

# Prueba t de Student para comparar las medias entre dos grupos
from scipy.stats import ttest_ind

t_stat, p_val = ttest_ind(group_1_mean_expression, group_2_mean_expression)
significant_genes = expression_df.index[p_val < 0.05]

print("\nGenes con Expresión Diferencialmente Significativa:")
print(significant_genes)
```

Resultados:

```
Datos de Expresión Génica Simulados:

         Sample_0  Sample_1  Sample_2  Sample_3  Sample_4  Sample_5  ...
Sample_14  Sample_15  Sample_16  Sample_17  Sample_18  Sample_19

Gene_0        694       569       639       202       845       773  ...
80         482       610       406       324       715

Gene_1        496       561        97       184       610       859  ...
765        719       857       441       458       860

Gene_2        109       994       187       765       807       669  ...
554        553       724       254       161       685

Gene_3        520       469       892       193        38       812  ...
283        345       398       627        52       452

Gene_4        553       898       267       331       947        67  ...
408        621       575       918       643       948


[5 rows x 20 columns]


Estadísticas Descriptivas:

           Sample_0      Sample_1      Sample_2      Sample_3  ...
Sample_16    Sample_17    Sample_18    Sample_19

count   1000.000000   1000.000000   1000.000000   1000.000000  ...
1000.000000   1000.000000   1000.000000   1000.000000

mean     504.238000    498.266000    501.122000    488.303000  ...
516.477000    507.305000    520.440000    500.273000
```

```
std     289.036692    279.491991    281.852653    286.845051   ...
284.350961    287.045776    276.197809    284.141875

min      13.000000     10.000000     15.000000     12.000000   ...
10.000000     10.000000     10.000000     10.000000

25%     247.500000    267.500000    261.000000    232.750000   ...
271.750000    261.500000    283.750000    265.000000

50%     501.000000    496.000000    505.000000    477.500000   ...
526.000000    508.500000    523.000000    495.000000

75%     759.000000    740.000000    748.250000    733.250000   ...
760.000000    754.250000    761.250000    737.000000

max     998.000000    998.000000    997.000000    999.000000   ...
998.000000    998.000000    999.000000    999.000000


[8 rows x 20 columns]
```

Este ejercicio permite a los estudiantes familiarizarse con el análisis de datos de expresión génica utilizando NumPy y pandas. Pueden experimentar modificando los parámetros de simulación, explorar diferentes técnicas de visualización y análisis estadístico, y comprender cómo identificar genes diferencialmente expresados entre diferentes condiciones experimentales o grupos de muestras.

Ejercicio 117: Creación de Visualizaciones Interactivas con Plotly

En este ejercicio, utilizaremos Plotly para crear una visualización interactiva de datos. Vamos a generar un gráfico de dispersión (scatter plot) que permite al usuario explorar diferentes conjuntos de datos seleccionando opciones interactivas.

Solución:

```
import numpy as np
import pandas as pd
import plotly.express as px

# Generar datos simulados
np.random.seed(0)
num_points = 100
x = np.random.randn(num_points)
y = np.random.randn(num_points)
categories = np.random.choice(['A', 'B', 'C'], num_points)

# Crear un DataFrame de pandas con los datos
data = {'X': x, 'Y': y, 'Category': categories}
df = pd.DataFrame(data)

# Crear visualización interactiva con Plotly Express
fig = px.scatter(df, x='X', y='Y', color='Category', title='Visualización Interactiva con Plotly')
fig.update_traces(marker=dict(size=12, opacity=0.6))
fig.update_layout(
```

```
 xaxis_title='Eje X',
 yaxis_title='Eje Y',
 showlegend=True
)

# Mostrar la visualización interactiva
fig.show()
```

Resultado:

Descripción del Ejercicio:

1. Generación de Datos Simulados:
   - Se generan datos aleatorios para x y y usando `np.random.randn`.
   - Se elige aleatoriamente una categoría ('A', 'B' o 'C') para cada punto.
2. Creación de DataFrame:

- Los datos se organizan en un DataFrame de pandas (df) que contiene las columnas X, Y y Category.
3. Creación de Visualización Interactiva:
    - Usando Plotly Express (px.scatter), creamos un gráfico de dispersión (scatter plot) con X en el eje horizontal, Y en el eje vertical, y colores diferentes para cada categoría.
    - Se configura el tamaño y la opacidad de los marcadores, así como el diseño del título y los ejes.
    - La visualización se muestra utilizando fig.show(), lo que abrirá una ventana interactiva en el navegador donde se pueden explorar los datos.

Ejercicio 118: Análisis de Datos Genéticos utilizando NumPy

Aquí te dejo un ejercicio relacionado con la aplicación de NumPy en el análisis de datos genéticos utilizando datos simulados de variantes genéticas. En este ejercicio, utilizaremos NumPy para realizar un análisis básico de variantes genéticas y calcular estadísticas relevantes sobre estas variantes.

En este ejercicio, trabajaremos con datos simulados de variantes genéticas para calcular algunas estadísticas básicas utilizando NumPy.

Solución:

```
import numpy as np

# Datos simulados de variantes genéticas
variant_data = np.random.randint(0, 3, size=(1000, 5))  # 1000 muestras, 5 variantes

# Calcular la frecuencia de cada variante
variant_frequencies = np.mean(variant_data, axis=0)

# Calcular el número total de muestras con al menos una variante
samples_with_variants = np.sum(np.any(variant_data != 0, axis=1))

# Calcular la variante más común
```

```
most_common_variant = np.argmax(variant_frequencies)

# Mostrar resultados
print("Estadísticas de Variantes Genéticas:")
print("Frecuencia de cada variante:",
variant_frequencies)
print("Número total de muestras con al menos una
variante:", samples_with_variants)
print("Variante más común (basada en frecuencia):",
most_common_variant)
```

Resultado:

Estadísticas de Variantes Genéticas:

Frecuencia de cada variante: [1.02 0.995 1.013 1.03 0.965]

Número total de muestras con al menos una variante: 996

Variante más común (basada en frecuencia): 3

Descripción del Ejercicio:

1. Generación de Datos Simulados:
   - Se utiliza `np.random.randint` para generar datos simulados de variantes genéticas. Cada fila representa una muestra y cada columna representa una variante genética.
2. Cálculo de Estadísticas:
   - Se calcula la frecuencia de cada variante genética tomando la media a lo largo de las filas (`axis=0`).
   - Se calcula el número total de muestras que tienen al menos una variante genética distinta de cero utilizando `np.any`.
   - Se identifica la variante más común determinando el índice con la frecuencia más alta utilizando `np.argmax`.

Ejercicio 119: Manipulación de Datos y Cálculos Estadísticos

En este ejercicio, vamos a trabajar con un conjunto de datos simulados y realizar manipulaciones de datos y cálculos estadísticos básicos utilizando NumPy.

Solución:

```
import numpy as np

# Generar datos simulados
data = np.random.randint(0, 100, size=(10, 5)) # Matriz 10x5 de enteros aleatorios entre 0 y 99

# Calcular la media de cada columna
mean_by_column = np.mean(data, axis=0)

# Encontrar el valor máximo en cada fila
max_in_each_row = np.max(data, axis=1)

# Calcular la suma acumulada de cada columna
cumulative_sum_by_column = np.cumsum(data, axis=0)

# Imprimir resultados
print("Datos generados:")
print(data)
print("\nMedia de cada columna:")
print(mean_by_column)
print("\nValor máximo en cada fila:")
print(max_in_each_row)
print("\nSuma acumulada de cada columna:")
```

```
print(cumulative_sum_by_column)
```

Resultado:

```
[[81 76 67 87  0]
 [60 58 59 20 23]
 [43 35 29 84 50]
 [26 66 86 50 44]
 [28 27 50 61 14]
 [32 41 96 41 15]
 [86 57 97 96 42]
 [86 56 22 53 68]
 [49  7 56  1  2]
 [46 67 12 67 61]]

Media de cada columna:
[53.7 49.  57.4 56.  31.9]

Valor máximo en cada fila:
[87 60 84 86 61 96 97 86 56 67]

Suma acumulada de cada columna:
[[ 81  76  67  87   0]
 [141 134 126 107  23]
 [184 169 155 191  73]
 [210 235 241 241 117]
 [238 262 291 302 131]
 [270 303 387 343 146]
 [356 360 484 439 188]
 [442 416 506 492 256]
 [491 423 562 493 258]
 [537 490 574 560 319]]
```

Ejercicio 120: Simulación de un Sistema Dinámico

En este ejercicio, simularemos la evolución temporal de un sistema dinámico utilizando NumPy para representar estados y realizar cálculos de evolución temporal.

Solución:

```
import numpy as np
import matplotlib.pyplot as plt

# Parámetros del sistema
num_steps = 100
dt = 0.1
decay_rate = 0.1

# Array para almacenar la evolución temporal del sistema
states = np.zeros(num_steps)
states[0] = 1.0 # Condición inicial

# Simulación del sistema
for t in range(1, num_steps):
  states[t] = states[t-1] * (1 - decay_rate * dt)

# Gráfico de la evolución temporal
time = np.arange(0, num_steps * dt, dt)
plt.plot(time, states)
plt.xlabel('Tiempo')
plt.ylabel('Estado del Sistema')
plt.title('Simulación de un Sistema Dinámico')
```

```
plt.show()
```

Resultado:

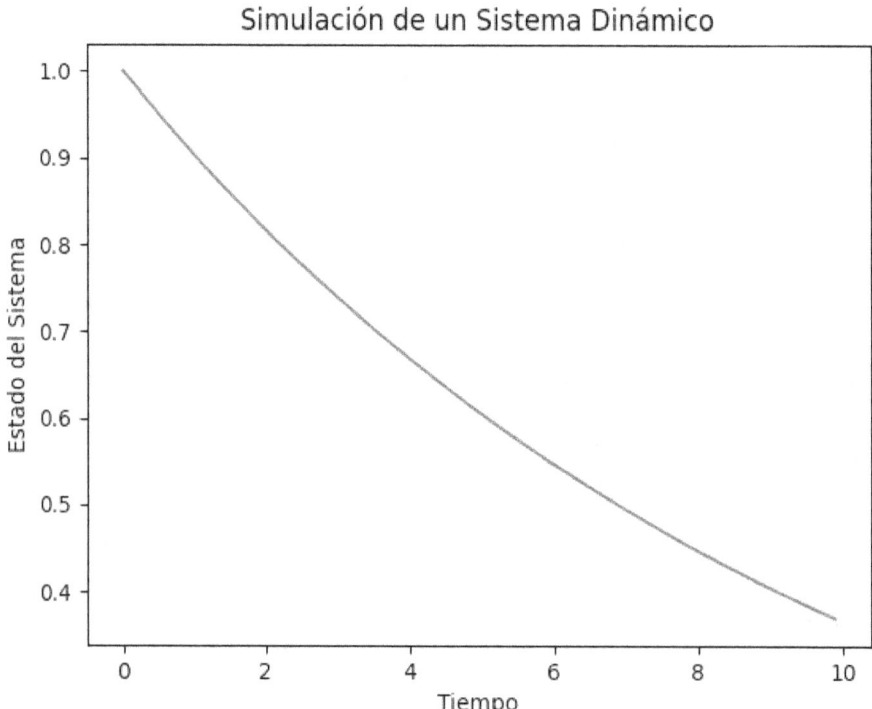

Ejercicio 121: Análisis de Señales utilizando Transformada de Fourier

En este ejercicio, aplicaremos la transformada de Fourier a una señal para analizar su contenido de frecuencia utilizando NumPy.

Solución:

```
import numpy as np
import matplotlib.pyplot as plt

# Generar una señal sinusoidal
fs = 1000 # Frecuencia de muestreo (Hz)
t = np.linspace(0, 1, fs, endpoint=False) # Vector de tiempo de 1 segundo
frequency = 5 # Frecuencia de la señal sinusoidal (Hz)
signal = np.sin(2 * np.pi * frequency * t)

# Aplicar la transformada de Fourier
fourier_transform = np.fft.fft(signal)
frequencies = np.fft.fftfreq(len(signal), 1/fs)

# Visualizar el espectro de frecuencia
plt.figure(figsize=(10, 6))
plt.plot(frequencies[:fs//2],
np.abs(fourier_transform)[:fs//2])
plt.xlabel('Frecuencia (Hz)')
plt.ylabel('Amplitud')
plt.title('Espectro de Frecuencia')
plt.grid(True)
plt.show()
```

Resultado:

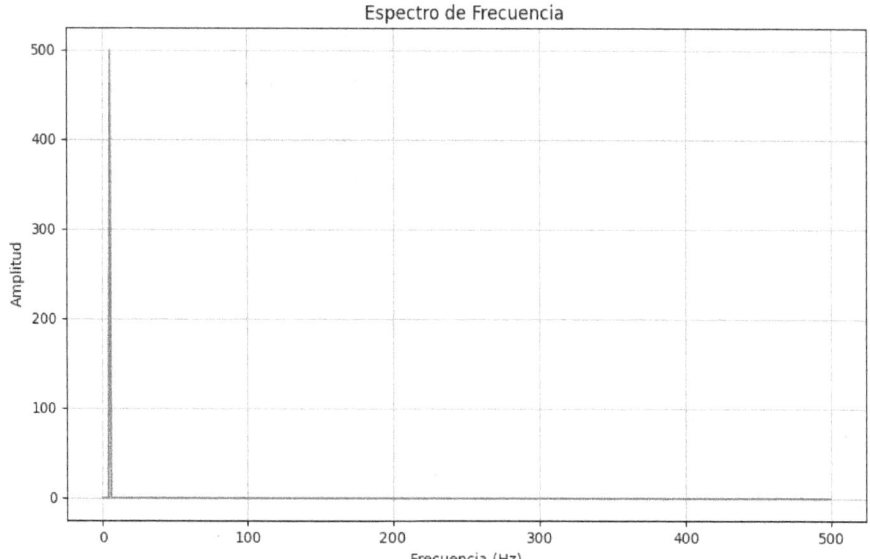

www.ingramcontent.com/pod-product-compliance
Lightning Source LLC
Chambersburg PA
CBHW082202220526
45470CB00010B/3017